Bernd Latour

Wortattacken wirksam kontern

Bernd Latour

Wortattacken wirksam kontern

Kreuz

Und wie er raucht und wie er spuckt,
das habt Ihr ihm glücklich abgeguckt.

Schiller, *Wallensteins Lager*

… dieses desperate Wort, das in jener Nacht
Herr Permaneder sich hatte entschlüpfen lassen.
Was hatte er gesagt? –
›Geh zum Deifi, Saulud'r dreckats!‹

Th. Mann, *Buddenbrooks*

Inhalt

Offene Bewertungen

1. Einleitung

»Sage mir, mit wem du gehst, und ich sage dir, wer du bist.« So will es das altüberlieferte Sprichwort. *Wer du bist* – das meint eigentlich: *was für einer du bist.* Und das soll heißen: *ich bewerte dich.*

Seltsam, dass im Verhaltensrepertoire der meisten Menschen keine Standardreaktion für diesen Satz vorgesehen ist. Mich würde es wahrscheinlich stören, wenn mir jemand so einfach sagen würden, was für einer ich bin.

Man könnte ja auch Folgendes erwidern:

»Das wollte ich gar nicht wissen.«
Oder auch:
»Besten Dank, aber das weiß ich selbst.«

Natürlich kann man so reagieren, aber sehr oft sind in der Alltagskommunikation solche Reaktionen nicht zu hören. Hauptsächlich wohl deshalb, weil es uns meistens nicht völlig gleichgültig ist, wie andere über uns denken. Es ist uns ja auch nicht egal, wenn uns jemand wunderbar findet. Sogar Menschen, die wir gar nicht kennen, können uns mit ihren Be- und Abwertungen irritieren. Ich selbst erlebte vor nicht allzu langer Zeit Folgendes: Eine Dame betrat am Arm ihres Mannes das Restaurant, in dem ich seit einer halben Stunde auf mein Vorgericht wartete. Unsere Blicke kreuzten sich – nein, wir verliebten uns nicht! Sie war mindestens 70, vermutlich eher älter, und ihr Blick drückte eine Missbilligung meiner Person aus, wie ich sie nicht jeden Tag erlebe. Ich habe sie nie wieder gesehen, ich hatte auch keine Möglichkeit, sie zu fragen, was ihr denn an mir so überhaupt nicht gefiel. Abgesehen davon: Es hätte mich wohl auch nicht so brennend interessiert, denn ich fand mich eigentlich ganz in Ordnung, zumindest was meine Fassade betraf, und mehr als die konnte sie ja eigentlich nicht wahrnehmen. Schließlich weiß ich nicht einmal, ob sie nicht einfach nur kurzsichtig war – und ob ihr Blick mir überhaupt galt. Was ich aber weiß: Ich fühlte mich einen Augenblick lang von dem getroffen, was ich als ihre Missbilligung wahrnahm, und fühlte mich abgewertet.

Eine Frage, die sich daraus ergibt, ist diese: Wieso hat das überhaupt eine Bedeutung für mich, was andere über mich denken? Auch und gerade das Negative?

George Herbert Mead, ein bedeutender amerikanischer Soziologe und Sozialphilosoph (1863–1931), sagte dazu einmal:

»Wir besitzen ein Selbst gerade insoweit, als wir die Einstellungen der anderen zu uns einnehmen können und tatsächlich einnehmen und auf diese Einstellungen reagieren. Wir loben uns selbst und wir tadeln uns auch selbst …« (Philosophie der Sozialität, S. 95; vgl. Literaturverzeichnis).

Was man daraus aber auch entnehmen kann, ist dies: Das eigene Selbstbild hängt immer auch von der Kommunikation mit anderen ab, es ist ohne die Kommunikation mit anderen eigentlich gar nicht möglich, dass wir ein solches Selbstbild überhaupt haben. Dass wir wissen, wer und wie wir sind.

In diesem Zusammenhang ist das vielleicht nicht ganz uninteressant, was einmal über den langjährigen Ministerpräsidenten eines deutschen Bundeslandes gesagt wurde: Wenn man keine Kritik mehr hört, hält man sich für unfehlbar. Und Menschen, die von jeglicher Kommunikation mit anderen abgeschnitten sind, müssen mit einem gewissen Recht um ihren Geisteszustand besorgt sein.

Aber auch wenn bestimmte Bewertungen uns vielleicht stören – sie sind etwas völlig Normales. Wenn ich nicht wüsste, ob mir eine Person oder eine Sache, sagen wir ein neu angeheirateter Verwandter oder ein neues Handy, gefallen oder nicht gefallen, dann hätte ich gar keine Orientierung. Ich wüsste nicht, wie ich mit der betreffenden Person umgehen oder ob ich mir ein bestimmtes Handy kaufen soll oder nicht. Wir bilden uns tagtäglich ein Urteil über alles Mögliche. Egal, ob dieses Urteil richtig ist oder völlig danebenliegt, anders kämen wir gar nicht durchs Leben. Die Desorientiertheit würde uns unfähig machen, Entscheidungen zu treffen oder überhaupt irgendetwas zu tun. Sie würde uns lähmen. Aber wie so vieles im Leben haben auch Bewertungen zwei Seiten. Auch eine sehr negative, denn zur Wertung gehört notwendigerweise auch die *Abwertung*. Wir bewerten Menschen und Dinge nicht nur, wir werden auch selbst bewertet – siehe oben das Beispiel mit der Dame im Restaurant. Auch das wiederum ist etwas völlig Normales, das heißt es ist menschliches Standardverhalten.

Jeder, der mit anderen zu tun hat, mit ihnen spricht oder sich vor ihnen darstellt, hinterlässt bei diesen einen Eindruck, wie auch immer der aussieht. Und dieser Eindruck wird bewertet: sehr oft nämlich auf den Skalen

- »sympathisch – unsympathisch«,
- »intelligent – dumm«,
- »schüchtern – selbstbewusst«.

Schön, wenn wir gelobt werden, wenn man uns sagt, was für ein wundervoller Mensch wir sind. Auch gegen Schmeicheleien, sofern einigermaßen dezent formuliert, hat man ja nicht unbedingt etwas einzuwenden. Die Bewertungen können aber auch, wie gesagt, sehr negativ ausfallen. Beispiele kann ich mir an dieser Stelle ganz sicher schenken, denn die täglichen Unfreundlichkeiten, die man am Arbeitsplatz, im Straßenverkehr, aber natürlich auch im Privatbereich zu hören bekommt, werden Ihnen vertraut sein. Außerdem sind die weiteren Kapitel voll von solchen Beispielen.

Vielleicht gehören Sie zu den relativ wenigen Glücklichen, denen es ziemlich egal ist, wie sie genannt und bewertet werden, die völlig immun gegen Beschimpfungen und Herabsetzungen sind. Bleiben Sie so, Sie müssen sich nicht ändern! Genießen Sie den Neid der anderen, denn der kommt wirklich von Herzen. Wenn Sie allerdings zu denjenigen gehören, denen es sehr wohl etwas ausmacht, wenn man sie herabsetzt, dann haben Sie ein Problem, das viele andere auch haben. Ein Problem allerdings auch, gegen das sich etwas tun lässt.

Ein Buch über die Unerfreulichkeiten im Alltag, in dem lediglich zu lesen ist, dass die Dinge nun mal so sind, wie sie sind? Das wäre etwas wenig. Unfreundlichkeiten werden ja nicht nur (aber auch!) gesagt, weil da jemand das dringende Bedürfnis hat, sich Luft zu machen. Sie werden auch zu ganz bestimmten Zwecken eingesetzt. Sie haben eine Funktion im *täglichen Machtspiel.* Und wenn jemand versucht, Macht über uns zu gewinnen, müssen wir uns dagegen wehren. *Macht gewinnen über andere* heißt ja nichts anderes als: Wir bringen andere dazu, dass sie tun, was wir sagen. Oder dass sie so denken, wie wir es für richtig halten.

Wie erwirbt man sie, diese Macht? Es geht nicht darum, dass man sie eventuell schon hat, also wenn in relativ klaren Hierarchien andere tun müssen, was man sagt. Es geht auch nicht darum, dass man jemanden mit vorgehaltener Pistole zwingt, etwas zu tun, was der oder die freiwillig nie tun würde. Es geht vielmehr um Beziehungen, in denen wir einander wenigstens formal gleichrangig gegenüberstehen. Wenn Gewalt also ausgeschlossen ist, dann erwirbt man Macht über andere hauptsächlich dadurch, *dass man ihre Köpfe beherrscht*, dass sie so denken, wie man selber es möchte.

Bewertungen und nicht zuletzt Abwertungen sind ein strategisches Mittel, um Menschen zu beeinflussen. Wenn Sie in der vielleicht glücklichen, vielleicht auch etwas zweifelhaften Situation sind, dass Sie andere Menschen auf diese Art beherrschen können, oder wenn Sie im Gegenteil sich gerne beherrschen lassen, dann ist dieses Buch nicht das Richtige für Sie. Wenn Sie aber keine Lust haben, sich beherrschen zu lassen, und wenn Sie gelegentlich das eine oder andere Problem haben, die Machtansprüche anderer abzuwehren – dann lesen Sie weiter! Dieses Buch gibt Ihnen Tipps, wie Sie sich wehren können.

2. Wie du mir, so ich dir

Unsere Kommunikation mit anderen Menschen verläuft ja normalerweise nach dem *Prinzip der Reziprozität* oder *Gegenseitigkeit*. Das ist ein sehr komplizierter Ausdruck für eine sehr einfache Sache. Das heißt nämlich: So wie ich mich anderen gegenüber verhalte, so dürfen diese sich auch mir gegenüber verhalten, und ich erwarte auch, dass sie es tun.

Wichtig ist dabei die *Erwartung an den/die andere(n)*: Sie ist noch etwas mehr als das, nämlich fast so viel wie ein *Anrecht*. Diesem Anrecht entspricht eine *Verpflichtung* auf Seiten des Partners. Wir können auch von einer *kommunikativen Verpflichtung* sprechen.[1]

Einige Beispiele:

Erwartung	**Verpflichtung**
A lächelt und erwartet, dass B zurücklächelt	B lächelt zurück
A stellt eine Frage und erwartet eine Antwort	B gibt eine Antwort
A sagt: »Danke« und erwartet eine Reaktion von B	B sagt: »Bitte/gern geschehen/ keine Ursache/kein Problem
A sagt: »Sauwetter mal wieder« und erwartet Zustimmung von B	B ist der gleichen Meinung

Für das zweite dieser Beispiele heißt das: B gibt nicht nur Antworten, sondern darf auch selber Fragen stellen. Ganz allgemein ist es so, dass A erwarten kann, dass B sich in einer bestimmten Weise zu ihm verhält. Und genauso wichtig: A und B können jederzeit die Rollen tauschen. Wir können auch sagen: Die Beziehung zwischen A und B ist *symmetrisch*.

Diese Verpflichtung lässt sich übrigens einklagen durch verschiedene Standardformulierungen wie z. B.: »Du hast gar nichts zu … gesagt.« Außerdem kann der Adressat sich seiner Verpflichtung entziehen, indem er einen bestimmten Grund angibt, genau so zu handeln: In der Formulierung »Was geht dich das an?/Das geht dich gar nichts an« wird ein Grund benannt, der diese Verpflichtung außer Kraft setzt. »Was geht dich das an?« bedeutet nichts anderes als: »Ich schulde dir keine Reaktion auf deine Initiative, weil dein Anspruch an mich null und nichtig ist.« Überlegen Sie doch einmal, wie Sie sich vorkommen,

- wenn Sie lächeln und Ihr Gegenüber lächelt nicht;
- wenn Sie eine Frage stellen und keine Antwort bekommen;
- wenn Sie »Danke« sagen, und es kommt von der Gegenseite überhaupt keine Reaktion.

Wahrscheinlich empfinden Sie die Beziehung zu Ihrem Gegenüber in diesem Moment nicht mehr als gleichwertig. Der »Normalfall« ist so, wie auf der Seite zuvor skizziert. Die Realität des Alltagslebens und der Alltagskommunikation jedoch hält sich bedauerlicherweise nicht immer an das, was wir für »normal« halten. Inwiefern das so ist, dazu Einiges im folgenden Kapitel.

3. Eine Spielregel, zwei Fouls und kein Schiedsrichter

Das, was ich das *Prinzip der Gegenseitigkeit* genannt habe, könnte man auch eine *Spielregel für den alltäglichen Umgang miteinander* nennen. Eine sehr einfache zwar, aber eine, an der wir uns mehr oder minder unbewusst orientieren. Genauer gesagt: Die Formulierung ist sehr einfach, aber die Art und Weise, wie diese Spielregel praktiziert wird, ist alles andere als einfach.

Spielregeln sind gut, denn sie setzen meinem Gegner Grenzen: Er kann nicht so, wie er will, sie machen es ihm schwerer, zum Erfolg (gegen mich) zu kommen. Spielregeln haben aber leider den großen Nachteil, dass sie auch mir Grenzen setzen, meine Optionen einschränken und mir das Gewinnen schwerer machen.

Schauen Sie sich ein x-beliebiges Fußballspiel an: Das ist kein ritterliches Turnier, kein edler Wettstreit. Da wird gefoult, was das Zeug hält, und aus keinem anderen Grunde als dem, dass man seine eigenen Chancen erhöhen und die des Gegners zunichte machen möchte. Man kann einen Ball eben doch leichter abwehren, wenn man die Hand zu Hilfe nimmt, auch wenn das gegen die Regel ist. Und wenn man dem Spieler der gegnerischen Mannschaft zwischen die Beine grätscht, dann fliegt der erst einmal hin, und seinen Schuss aufs Tor kann er später bei anderer Gelegenheit noch einmal versuchen. Was aber ein Fußballspiel von dem »Spiel« der Alltagskommunikation unterscheidet, ist der *Schiedsrichter* bzw. die Tatsache, dass im banalen Alltag keiner da ist. In jedem Mannschaftssport ist auch ein schlechter Schiedsrichter immer noch besser als gar keiner. In der Alltagskommunikation müssen sich dagegen beide Seiten die Rolle des Schiedsrichters teilen. Das funktioniert gerade in Konfliktsituationen meistens sehr schlecht oder gar nicht, denn jede der beiden Seiten ist Partei, und das ist das Gegenteil von unparteiisch.

Die Spielregel der Reziprozität oder der *Gegenseitigkeit* (»wie du mir, so ich dir«) wird sehr oft von einer der beiden Seiten außer Kraft gesetzt. Konflikte fangen bereits in dem Augenblick an, wo unsere Interessen auseinander gehen, wo wir etwas Verschiedenes wollen. Da wir als Menschen mehr oder weniger verschieden sind, liegt das auch ziemlich nahe.

Und wie sieht so ein Foul in der Alltagskommunikation aus? Wenn mein Partner eine Antwort von mir erwartet, d.h. wenn ich ihm eine »schulde«, ihm aber keine geben möchte, weil die mich vielleicht in Verlegenheit bringen könnte – ich habe keine Lust, mich um Kopf und Kragen zu reden –, dann muss ich ihn leider (mit entsprechenden Krokodilstränen, versteht sich) in meinem Strafraum foulen. Nehmen wir an, die Frage, die mir so überhaupt nicht ins Konzept passt, ist diese: »Ich kann den letzten Bankauszug nicht finden. Hast du den irgendwohin verlegt?« Habe ich möglicherweise wirklich, ich habe im Augenblick aber keine Lust, das zuzugeben, also sage ich: »Hast du denn überhaupt nichts anderes als deine Ordnung im Kopf?« Wer überhaupt nichts anderes als XYZ im Kopf hat, der ist unqualifiziert, und die Fragen von unqualifizierten Leuten muss man nicht beantworten. Wer sich disqualifiziert, der begibt sich seiner Ansprüche an andere. Unqualifiziert ist mein(e) Partner(in) aber nicht von ganz alleine, da muss ich schon etwas nachhelfen. Ich muss also den/die andere(n) rhetorisch so präparieren, dass ich ihm oder ihr nichts schulde (»Deine Ansprüche an mich sind null und nichtig«). Es ist ja auch das Ziel, einer bestimmten Frage und ihrem Obligo (d.h. antworten zu sollen) auszuweichen. Und zwar nicht einfach so, sondern mit einer Begründung, die ich mir zuvor »zurecht gebastelt« habe. Das ist sehr *manipulativ* und überdies ein gängiger und zugleich wirksamer Trick in der Alltagskommunikation. Meine Vorgehensweise hat aber noch eine weitere Konsequenz. Wer in seinen Rechten – also in diesem Fall mein Gegenüber, der/die auf eine Frage keine befriedigende Antwort bekommt – so massiv beschnitten wird, der wird sich abgewertet fühlen.

Das Ganze noch eine Umdrehung weiter gedacht: Wenn man jemanden abwerten will, dann beachtet man das nicht, was er sagt, sondern übergeht seine Äußerungen mit Schweigen, als habe er überhaupt nichts gesagt, als sei er quasi nicht existent. Das ist eine der schlimmsten Abwertungen, die man jemandem zufügen kann. Das Prinzip der Gegenseitigkeit ist damit einseitig außer Kraft gesetzt.

Was wir alle wie in dem beschriebenen Fall da tun, ist uns nicht immer oder eher selten bewusst, denn soziale und kommunikative Spielregeln werden einem meistens nicht erklärt, sondern viel öfter als bekannt vorausgesetzt. Man wächst gewissermaßen in sie hinein. Denn ohne Selbstverständlichkeiten liefe im täglichen Leben gar nichts. Ich gehe nicht in einen Supermarkt und erkläre laut, dass ich bereit bin, hier etwas zu kaufen (So Loriot in »Papa ante Portas«) und anschließend die Ware zu bezahlen. Man würde mich vermutlich fragen, ob es mir noch gut geht, und im schlimmsten Fall die Ambulanz rufen.

4. Noch eine Spielregel: Der Kampf um das maßgebliche Urteil

Da stehen zwei Meinungen gegeneinander, zwei Ansichten, die ganz einfach nicht auf einen Nenner zu bringen sind. Jeder versucht, seiner Betrachtungsweise der Dinge Geltung zu verschaffen. Es geht darum, ob Sie sich durchsetzen oder die Gegenpartei. Ob ein Konflikt in Ihrem Sinne gelöst wird oder eben nicht. Mit einem Wort: Es entbrennt der *Kampf um das maßgebliche Urteil.*

Dieser *Kampf um das maßgebliche Urteil* ist etwas völlig Normales, d.h. es ist ein soziales Standardverhalten. Ich muss daran interessiert sein, dass andere das zur Kenntnis nehmen, was ich sage, dass sie sich mit meinen Ansichten auseinander setzen. Wenn mir das nämlich selten oder nie gelingt, dann bin ich gewissermaßen »gar nicht da«. Dieses Bedürfnis, meinen Ansichten Geltung zu verschaffen, lässt sich aber dahingehend steigern, dass ich Verbindlichkeiten für andere etabliere, dass andere sich nach meinen Auffassungen richten müssen. Daraus wird dann die Devise: »Alles tanzt nach meiner Pfeife«.

Auf der *nach oben offenen Wichtigkeitsskala* kann man seine eigene Person einordnen als sehr wichtig oder unwichtig oder irgendwo dazwischen. Wer sich selber für ausgesprochen wichtig hält, der wird auch dazu neigen, seine Urteile und seine Bewertungen für andere verbindlich zu machen. Andere mögen/sollen bitte (oder auch ohne »bitte«) ihre Urteile übernehmen, das, was er sagt, für richtig und wichtig halten: »Ich sage, was los ist, und du glaubst das gefälligst!«

Es ist letztlich der Kampf um die dominierende Position in der Beziehung bzw. der Kampf darum, einen solchen Anspruch abzuwehren. Diesem Gedanken werden wir in den folgenden Kapiteln noch häufiger begegnen.

5. Wir sind alle Individuen – oder vielleicht doch nicht?

Margaret Thatcher soll einmal gesagt haben: »Es gibt keine Gesellschaft, es gibt nur Individuen.«[2] »Richtig«, könnte man ihr sekundieren, »es gibt keinen Wald, es gibt nur Bäume.« Aber etwas ernsthafter: Wenn wir nur Individuen wären, und nicht auch soziale Wesen, die sich zu einer Gesellschaft zusammenschließen, dann hätten wir nicht nur keine gemeinsame Sprache und keine Rechtsordnung – wir würden auch die nächste Woche gar nicht überleben.

Wir sind soziale Wesen, das bedeutet aber auch: Wir sind in vielen Situationen des Lebens ziemlich unoriginell. Die Art, mit der wir unsere Sprache benutzen, die Art, in der wir kommunizieren, zeigt dies sehr deutlich: In Standardsituationen klopfen wir Standardsprüche:

- »Ich habe es doch nur gut gemeint.«
- »Tu's mir zuliebe.«
- »Sie sind der Erste, der sich beschwert.«

Oder etwas vornehmer ausgedrückt: Unsere Kommunikation ist immer auch rituell: Wir sagen in vergleichbaren Situationen immer wieder dasselbe, und wir sagen das, was andere vor uns auch schon gesagt haben. Die Beispiele in diesem Buch mögen das deutlich machen.

Originalität ist schön – so könnte man in Anlehnung

an Karl Valentin sagen –, sie ist aber auch ziemlich anstrengend.[3] Ihr Gegenteil, die Unoriginalität, hat somit einen großen Vorteil: Sie ist entlastend. Anderen Leuten ihre Sprüche abzukupfern, spart genauso Energien wie jede sonstige Art von Routine. Routiniert ist, wie gesagt, auch unsere Kommunikation. Kein Wunder: Sie findet ja jeden Tag statt.

Falls Sie darauf warten, dass ich Ihnen sage, was Sie sagen sollen, wenn … Nur Geduld! Das kommt noch.

6. Warum schaffen es manche immer wieder, sich gegen andere durchzusetzen?

Es war schon immer so: Wer *oben* saß oder stand, war anderen gegenüber im Vorteil, in einer Position der Stärke und der Macht. Der Thron des Herrschers befand sich *in erhöhter Position*, und auch in den vielen Kriegen, die die Menschen führten, hatte es derjenige meistens leichter, der von der Stadtmauer Steine herabwarf oder von einem Hügel herunter angriff. Wer gewonnen hatte, wurde auf den Schultern seiner Anhänger getragen (im Fußball ist es genauso!), er konnte als Sieger auf andere herunterschauen. Niemand wäre auf die Idee gekommen, ihm ein Loch in der Erde zu graben, um ihn dort zu verehren. Und wer vielleicht nicht gewonnen hat, aber trotzdem gerne Sieger wäre, der *trägt* wenigstens *die Nase hoch*.

Und noch ein Beispiel für die Bedeutung von »oben« und »unten«: Der Sieger ist immer »*über*legen« und sein Gegner »*unter*legen«. Eine erhöhte Position im übertragenen Sinn – das ist es, worum wir uns bemühen, auch wenn wir einander nicht Steine, sondern Worte an den Kopf werfen. Nun müssen wir allerdings umdenken und uns fragen: Was bedeutet *die erhöhte Position* in verbalen Auseinandersetzungen? Nehmen wir das Wort »Hoheit« (es kommt von *hoch*) aber nicht als Anrede für die Majestät, sondern eher in der Bedeutung, die es auch in »Lufthoheit« hat.

Wir begeben uns jetzt für einen Augenblick auf das Feld der politischen Auseinandersetzung. Dort sehen wir etwas genauer, was gemeint ist. Es ist die dominante Position: Wir sagen anderen, was richtig und was falsch ist.

Wir dominieren andere.
Wenigstens versuchen wir das.

Gleich im nächsten Kapitel kommt Ausführlicheres dazu.

7. In der Politik ist es ganz ähnlich

Manche von Ihnen erinnern sich wahrscheinlich noch an die erste Hälfte der 70-er Jahre, an die ersten Jahre der ersten sozialliberalen Regierungskoalition, die Nachkriegsdeutschland hatte. Ein neuer Wind fegte durch das Land – zumindest sprachlich war das der Fall. In ganz anderer Weise als je zuvor wurde öffentlich um Begriffe gerungen: *Friedenspolitik* und *innere Reformen* waren zentrale Schlagworte der Sozialliberalen. Willy Brandt wollte *mehr Demokratie wagen*, und die CDU/CSU konterte mit der Parole »Freiheit oder Sozialismus«. Die Verwendung der beiden Kürzel *DDR* und *BRD* – durfte oder sollte man, oder vielleicht doch besser nicht? – beschäftigte ganze Regimenter von Bürokraten. Manche(r) wurde auch Opfer eines »Berufsverbotes«, was wiederum manche Länderregierungen aus ihrem offiziellen Sprachgebrauch ganz einfach strichen, weil es derlei nicht zu geben hatte.

Vordergründig sieht das alles aus wie ein »Streit um Worte«. Aber es war mehr als das. Wer nämlich solche Auseinandersetzungen für sich entscheidet, der gewinnt den notwendigen Einfluss auf die Wählerschaft, auf deren Art und Weise zu denken, auf deren Vorstellungswelt und damit natürlich auf die Bereitschaft, die Partei (wieder) zu wählen, die jene Begriffe erfolgreich in die Welt gesetzt hat.[4] Die oppositionellen Christdemokraten bemerkten jedenfalls bald, dass sie auf diesem Terrain, d.h. der »Besetzung von Begriffen«, ins

Hintertreffen geraten waren, dass dem politischen Gegner etwas gelungen war, das Behrens, Dieckmann und Kehl so auf den Punkt bringen:

»Die eigenen Begriffe zur politischen Alltagssprache werden zu lassen und damit auch den Gegner dem eigenen Sprachgebrauch zu unterwerfen, wird als wesentliches Moment des politischen Machtkampfes bestimmt …« (Heringer 1982, S. 224)

CDU und CSU starteten daraufhin eine insgesamt nicht eben erfolgreiche semantische Gegenoffensive, auf deren Einzelheiten ich hier nicht weiter eingehen möchte. Es geht bei besagtem »Streit um Worte« um etwas, das ich *Benennungs-* und *Bewertungskompetenz* nennen möchte. Wer sagen kann, *was der Fall ist*, der hat einen wichtigen Einfluss auf das Denken anderer gewonnen. Er sagt nämlich meistens auch, *wie die Dinge sind*, d.h. er bewertet gleichzeitig. In der Regel geht es bei der Bewertung darum, ob eine Sache gutzuheißen oder abzulehnen ist. Das Ganze hat viel zu tun mit dem *Kampf um das maßgebliche Urteil*, von dem zuvor die Rede war.

Zwei weitere Beispiele: Diejenigen, die den Ausdruck *Baader-Meinhof-Gruppe* verwendeten, standen gewiss nicht im selben Lager wie diejenigen, die die konkurrierende Bezeichnung *Baader-Meinhof-Bande* bevorzugten[5], und in dem Krieg, in dem Anfang der 80er Jahre Großbritannien und Argentinien um eine ziemlich unbedeutende Inselgruppe im südlichen Atlantik einander gegenüberstanden, war es ähnlich: Hier markierte man seine politische Parteinahme durch *Falkland-Inseln* bzw. durch den Ausdruck *Malwinen*. Der Hinweis, dass es doch eigentlich »um die

Sache gehe«, verfehlt in solchen Fällen die Realitäten. Bis zu einem gewissen Grad sind die Wörter die Sachen.

Jetzt verlassen wir die Höhen der Politik und richten uns wieder in den Niederungen des Alltags ein. Auch hier werden jeden Tag Dinge und Personen etikettiert und damit bewertet. Es geht nicht um solche Trivialitäten, dass ich eine Tomate eine Tomate nenne, denn das haben ja andere schon vor mir getan, und viele Alternativen dazu gibt es nicht. Sondern es geht auch wieder um Bewertungen. Selbst wer nur »Mörder!«, »Betrug!« oder »Sauerei!« brüllt, hat schon eine bewertende Etikettierung abgegeben. Er versucht, seine *Etikettierung* einer Situation und damit die eigene Sehweise der Dinge für andere verbindlich zu machen. Wem dies im Leben nie gelingt oder nur sehr selten, der wird ein Problem mit seinem Selbstwertgefühl mit sich herumschleppen. Das hieße nämlich, dass andere Leute nicht auf einen hören und dass man sich und seinen Ansichten keine Geltung verschaffen kann.

8. Zum einen Ohr rein, zum anderen wieder raus?

Ja, warum hört man sich das nicht einfach an, was andere einem zu sagen haben, etwa so wie eine Lautsprecherdurchsage auf dem Hauptbahnhof oder im Supermarkt, die man gleich darauf wieder vergisst? Die ist ja auch im besten Fall eine Information, die man gebrauchen kann, aber eben nicht mehr. Was ist also an der Sache, um die es hier geht, um Be- und Abwertungen, so interessant? Warum bedeutet sie uns also mehr als der Hinweis, dass der Regionalexpress nach Leipzig zwanzig Minuten Verspätung hat? Wenn fremde Abwertungen so etwas wie Lautsprecherdurchsagen wären – vieles im Leben wäre leichter! Leider hinkt der Vergleich auf beiden Beinen. Wenn ich einem anderen Menschen sage, was richtig und was falsch ist, was gut ist und was schlecht, dann sage ich meistens auch, was getan und was unterlassen werden muss. Das heißt: Ich unterwerfe mir andere, indem ich – zumindest tendenziell, nicht selten auch tatsächlich – Herrschaft über ihr Denken gewinne. Dadurch tun sie, was ich sage. Und unterlassen, was ich sage. Weil sie meine Vorstellungen von *richtig* und *falsch* teilen, von *wünschenswert* und *abzulehnen*. Ob das so ganz freiwillig geschieht, sei dahingestellt. In jedem Fall ist die Gegenwehr dann zu schwach ausgefallen, wenn ich mein Ziel erreicht habe. *Sich durchsetzen* heißt: Sich und seinen Gedanken Geltung verschaffen, sich *Macht über andere* verschaffen. Es geht um solche Etiketten und darum, dass ich meine Art der Benennung durchsetzen kann, dass andere sie übernehmen. Dann denken sie nämlich ein Stück weit wie ich. Ich gewinne Einfluss auf ihr Denken und damit auf ihr Tun und Lassen. Das heißt: Ich dominiere andere.

Zugegeben, diese Passage ist immer noch ziemlich abstrakt formuliert. Ich schulde Ihnen ein Beispiel, und das finden Sie gleich im nächsten Kapitel.

9. »Du hast nur Angst vor'm Leben – Das ist dein Problem!«

In dem Fernsehfilm »Ende der Saison« (ARD, 21.11. 2001) kommt eine krebskranke Frau aus der Klinik nach Hause, weil sie die Hoffnung auf Heilung aufgegeben hat. Ihr ungefähr gleichaltriger Freund und ihre 24-jährige Tochter teilen sich in die Pflege. Der etwa doppelt so alte Mann fühlt sich sehr bald zu der jungen Frau hingezogen. Diese will ihre Mutter begreiflicherweise nicht verletzen. Ihre Skrupel stoßen bei der Gegenseite allerdings auf massives Unverständnis, und so muss sie sich bei ihrem Versuch, das Werben des Mannes auf Distanz zu halten, den Spruch anhören: »Du hast nur Angst vor'm Leben – Das ist dein Problem!«

Eine Abwertung auch hier, sie wird am deutlichsten noch in dem Kommentar »Das ist dein Problem«, denn wer dem anderen Probleme zuschreibt, der hat selbst schon mal keine. Glaubt er wenigstens. In *Angst vor'm Leben* steckt jedoch auch eine Abwertung, die jedoch nur über einen sehr verbreiteten rhetorischen Trick zu erreichen ist: *Leben* wird ohne Einschränkung in seiner Bedeutung positiv aufgeladen, und *Angst davor* kann dann nur etwas sehr Negatives sein. Wenn der ältere Mann seine sexuellen Bedürfnisse ohne große Umstände mit *dem Leben* gleichsetzt, ist das seine Sache. Ebenso, wenn er ihre durchaus nachvollziehbaren moralischen Vorbehalte als »Lebensangst« etikettiert. Sie hat die Option, sich diese Vorstellungswelt zu eigen zu machen – oder eben nicht. Im Leben – das nur nebenbei, aber wir sind gerade dabei – geschehen auch ziemlich viele Dinge, die einem Angst machen können: Aggression, Destruktion und Krieg sind schließlich auch ein leider untrennbarer Teil des Lebens. Das Leben ist sowohl positiv als auch negativ oder weder noch, es ist eigentlich *das Leben* und nichts anderes.

Wichtig für diesen Zusammenhang ist jedoch dieses: Jener Mann hat ein Ziel. Dem versucht er näher zu kommen, indem er das Selbstwertgefühl der jungen Frau und damit ihre Abwehr durch besagte Abwertung (»Du hast nur Angst …«) schwächt oder dies zumindest versucht. Im Übrigen erreicht er dieses Ziel im weiteren Verlauf der Handlung auch – ob durch diese Abwertung oder nicht, das bleibt offen. Das Ergebnis ist auch nicht wichtig für das, was uns dieses Beispiel zeigen soll, sondern der Versuch selbst: Man wertet eine andere Person ziemlich oft deshalb ab, weil man etwas Bestimmtes erreichen will. Bewertungen – das sagte ich oben schon, und es wird auch hier nicht das letzte Mal sein – haben ziemlich oft etwas mit dem Versuch zu tun, *Macht über andere* zu erringen.

Möglich, dass so etwas (»Du hast nur Angst vor'm Leben …«) einmal zu Ihnen gesagt wird. Falls Ihnen dann nichts Besseres einfällt, probieren Sie es vielleicht mit meinem Vorschlag, der jetzt folgt:

Initiative	**Ihre Reaktion**
»Du hast nur Angst vor'm Leben, das ist dein Problem.«	»Du bist nicht das Leben in Person.« »Ich fürchte, eher hast Du ein Problem.« »Du musst mich nicht akzeptieren, meine Gefühle sind o.k.«

Die zweite dieser Reaktionen ist nichts anderes als eine Retourkutsche, ein Mittel, das man in seiner Kommunikation nur wohldosiert einsetzen sollte, auf das man aber auch nicht ganz verzichten kann. Reaktionen müssen nicht immer sehr tiefgründig sein.

Bewertungen – das haben wir an dem Beispiel: »Du hast nur Angst ...« gesehen – haben also meistens auch eine *strategische Funktion*: Man sagt nicht nur, *wie* jemand oder etwas ist, weil man das halt so meint, sondern auch deshalb, *weil* der/die Betreffende etwas Bestimmtes tun oder lassen sollte. Weil man etwas von ihm/ihr will. Anders gesagt: Be- und Abwertungen sind sehr oft von Interessen und Absichten gesteuert. Ein Beispiel, das sich ganz von selbst erklärt:

»Wenn du ein Schatz sein willst, dann hol' mir noch ein Bier!«

Bis jetzt war die Frage noch nicht ganz geklärt, was Abwertungen mit Macht zu tun haben, aber aus dem obigen Beispiel (»Du hast nur Angst vor'm Leben ...«) ergibt sich die Antwort fast von selbst: Negative

Gedanken, die man sich über sich selbst macht, schwächen emotional. Besonders dann, wenn diese Gedanken von einer anderen Person ausgehen. Menschen, die man zuvor geschwächt hat, kann man leichter beherrschen, weil der Widerstand dann schwächer ausfällt.

Da Sie soeben zum ersten Mal in diesem Buch einen Vorschlag von mir gelesen haben, wie Sie reagieren könnten, ist wahrscheinlich der folgende Hinweis ganz nützlich:

Wenn Sie sich meine Anregungen zunutze machen wollen, überlegen Sie bitte,

- ob die Situation danach ist. Wer ist Ihr Partner? Wie konflikthaft ist die Unterhaltung mit ihm oder ihr?
- ob die jeweilige Reaktion zu Ihrer Persönlichkeit passt. Ob das, was Sie da sagen, auch sonst Ihr Stil ist. Wenn nicht, dann besser die Finger davon lassen!

Wer unecht wirkt, bei dem gehen die Schüsse meist nach hinten los.

10. Das Bewertungsmonopol

Wenn jemand zu einem anderen Menschen sagt: »Du hast nur Angst vor'm Leben, das ist dein Problem«, dann sagt er das – soweit waren wir schon – nicht nur, weil das seine Ansicht ist und weil der andere dies oder jenes tun oder lassen sollte, sondern noch aus einem anderen Grund, der sehr oft über die betreffende Situation hinausreicht. Denn: Nur einmal sich gegenüber jemandem durchzusetzen – das reicht den meisten Menschen nicht, es sollte schon möglichst dauerhaft sein. Ich verlasse jetzt für einen Augenblick den Bereich der Alltagskommunikation, an der Sie und ich teilnehmen, und wende mich einem – nennen wir es ruhig: sozialpathologischen Phänomen zu, nämlich den Sekten. Man kann sich ja einmal fragen, weshalb es Sektenführern so oft gelingt, die Herrschaft über die Köpfe ihrer Anhänger zu erringen. Vieles kommt hier sicher zusammen, aber nicht zuletzt ist es auch die Eroberung des *Bewertungsmonopols*. In simpler Form ausgedrückt hieße das: Diese Leute geben einem zu verstehen: »Ich sage, was los ist, und du glaubst das gefälligst.« So offen gesagt wird das allerdings seltener. Warum ist das Bewertungsmonopol so wichtig? Es hilft dabei, Macht über andere zu etablieren. Das sollte nach dem Hinweis auf die Sektenführer auch nicht mehr sonderlich erstaunen. Die Eroberung des Bewertungsmonopols fällt mir nicht in den Schoß, ich muss mich dafür anstrengen. Ein wichtiges Mittel zu diesem Zweck ist: Ich setze meine(n) Partner(in) unter einen möglichst permanenten *Reaktionszwang*. Er/sie muss möglichst viele meiner Fragen beantworten, er/sie muss sich laufend erklären, muss sich rechtfertigen. Eigentlich muss er überhaupt nichts, aber ich bringe ihn dazu, dass er glaubt, er müsse. Er soll gar nicht erst auf den Gedanken kommen, er müsse mir gegenüber gar nichts. Das heißt: Ich etabliere *Verbindlichkeiten*/Obligationen für ihn. Und er muss sie bearbeiten. Ich halte ihr/ihm den Reifen hin, durch den sie oder er springen muss.

Beispiele:
»Das überzeugt mich noch nicht.«
»Das reicht mir noch nicht.«

Was hat das mit dem Bewertungsmonopol zu tun? Ganz einfach: Die Antworten und die Erklärungen werden *auf meine Waagschale gelegt*, von mir gewogen – und dann meistens für nicht gut oder nicht ausreichend befunden. Es geht zu wie auf der Kripo: »Wir stellen hier die Fragen, und Sie antworten!« Oder wie im Grundkurs für angehende Manager: »Wer fragt, der führt.« Es heißt nämlich genau das: Wer Antworten gibt, legt sie auf die Waagschale der anderen Seite. Er lässt es zu, dass er bewertet wird, und sei es negativ. Man *erzeugt* im Partner ein *Gefühl des Ungenügens*. Er muss das Gefühl haben, es reicht hinten und vorne nicht, was er tut und sagt. Für dieses Gefühl des Ungenügens kann ich, der ich den/die andere(n) unter permanenten Reaktionszwang setze, eine Pseudotherapie anbieten: Du tust, was ich sage. Wenn du nämlich tust, was *du* willst, dann ist das ganz schlecht. Meine destruktive Kritik trifft dich dann in jedem Fall. Meine abwertende Kritik zielt darauf ab, meine Maßstäbe für dich verbindlich zu machen. Das heißt, dich in Abhängigkeit zu halten. Und dich nach Möglichkeit nicht mehr zu Wort kommen zu lassen. Das kann etwa so aussehen:

– »Du bist nur beleidigt!«
– »Bin ich nicht!«
– »Bist du doch!«

Wir sehen: Wer sich eine Dominanzposition erobert hat, der bewertet den anderen nicht nur, sondern versucht auch, das letzte Wort zu behalten. Und wieder einmal ist das *Prinzip der Gegenseitigkeit* als soziale Spielregel aufgekündigt. Wer sich auf dieses Spiel so wie beschrieben einlässt, der hat verloren, der hat unfreiwillig der anderen Seite das Bewertungsmonopol zugeschoben. Ganz von ungefähr kam das nicht, denn jeder, der so ein Spiel spielt, sei es als Gewinner, sei es als Verlierer, mit dem wurde es in seiner eigenen Kindheit schon einmal gespielt. Die Eltern besaßen lange Zeit hindurch das Bewertungsmonopol. Das ist ja auch wichtig, denn kleine Kinder sind ja zunächst ziemlich desorientiert und brauchen jemanden, der ihnen sagt, wie die Dinge des Lebens sind, was man tun und was man lassen soll.

Manche Eltern jedoch geben das Bewertungsmonopol nie ab, auch wenn ihre Kinder selbst schon Kinder haben. Sie verlieren die Macht über das Denken ihrer Kinder nie. Oder sie kämpfen weiter, selbst wenn der Kampf bereits verloren ist. Ihre erwachsenen Kinder fühlen sich unwohl, wenn sie mit den Ansichten ihrer Eltern nicht übereinstimmen. Und lassen es meist gar nicht erst dazu kommen.

Ich hoffe, Sie unterstellen mir jetzt nicht, ich hätte Eltern mit Sektenführern vergleichen wollen. Die Anhänger von Sekten haben allerdings in ihrer Persönlichkeitsstruktur meist etwas sehr Infantiles an sich. Das lässt sich wohl kaum bestreiten. Dem Anspruch auf das Bewertungsmonopol läuft der Hinweis, dass es auch konkurrierende Sichtweisen des jeweils anstehenden Problems gibt, natürlich gänzlich zuwider. Das darf es nicht geben, das Monopol wäre sonst dahin. Konkurrierende Sichtweisen gilt es also abzuwehren und abzuwerten. Sollte es sie geben, dann werden sie leicht unter der Rubrik »alles nur billige Schmeichelei« abgelegt.

Das Monopol wird also normalerweise mit Zähnen und Klauen verteidigt. Zwei Strategien sind in diesem Zusammenhang besonders wirkungsvoll:

- die Gedanken, Äußerungen und Handlungen des Partners als »falsch« zu etikettieren – man selber liegt dann natürlich »richtig;
- dem Partner »die Schuld« zu geben – egal woran.

Wir wollen allerdings dieses Kapitel nicht abschließen, ohne uns Gedanken zu machen, wie man denn die Angriffe oben zurückschlagen könnte:

Initiative	Ihre Reaktion
»Das überzeugt mich noch nicht.«	»Aber mich.«
»Das reicht mir noch nicht.«	»Aber mir.« oder »Mir schon.«
»Du bist nur beleidigt!«	»Du kannst mich nennen, wie du willst.« oder »Beleidigt oder sonst was. Nenn mich, wie du willst.«

Hier ist eine Warnung am Platze: Mit den Reaktionen »Mir schon« / »Aber mich« halten Sie sich bitte zurück, wenn Ihr Gegner jemand ist, der Ihnen schaden kann. Man sollte nicht jede Partie auf Sieg spielen.

11. »Sei du bloß still!«

Was wir eben festgestellt haben zum Thema »Macht, Bewertungsmonopol« und »Beziehung«, können wir verallgemeinern, und zwar noch ein Stück weiter als bisher. In jeder Art von Partnerschaft, ob kurz- oder langfristig angelegt, spielt *Rhetorik* eine ganz zentrale Rolle. In ihrem Medium und mit ihren Mitteln nämlich wird ausgehandelt,

- wessen Sehweise gelten soll (»Ich sage hier, was los ist, und du akzeptierst das gefälligst.«),
- wem welche Eigenschaften dauerhaft zugeschrieben werden (»Du hast nur Angst vor'm Leben.«),
- und wer wo im Defizit steckt (»Das ist dein Problem.«) – und in enger Nachbarschaft dazu:
- wer (woran auch immer) die Schuld hat (»Die Sache hast du verbockt, nicht ich!«). – Außerdem und nicht zuletzt,
- wer welche Aufgaben hat (»Seit wann ist es meine Aufgabe, Tante Lisa anzurufen?!«).

Wichtig ist bei allem der Halbsatz »… und du akzeptierst das gefälligst!«, der gewiss nicht immer so offen gesagt, aber dafür umso häufiger genauso gemeint wird. Denn erst wenn die Gegenseite nicht mehr oder immer seltener zu Wort kommt, dann hat man sein Bewertungsmonopol wirklich etabliert. Die Etablierung einer Machtbeziehung in der Partnerschaft braucht nicht den dicken Knüppel, sie braucht Rhetorik. Zur

Erinnerung: Rhetorisch erfolgreich ist derjenige, dessen Argumenten die andere Seite nichts mehr entgegenzusetzen hat. Derjenige, dessen Behauptungen unwidersprochen stehen bleiben, der hat sich durchgesetzt.

Wessen Ansicht soll gelten in einer Partnerschaft? Genau um diese Frage geht es.

12. »Hältst du dich für ’was Besseres?«

Nicht jeder Gegner macht es einem leicht, eine Dominanzposition zu erobern und ihm gegenüber das Bewertungsmonopol zu etablieren. Manche sind richtig »harte Brocken«, und die lassen sich auch nicht so schnell mundtot machen. Denn das sind meist diejenigen, denen die Antworten unter der Rubrik »Ihre Reaktion« sehr schnell einfallen. Den anderen also einfach abwerten nach der Methode: »Du hast nur Angst …« – das bringt es in bestimmten Fällen nicht so einfach. Ein sehr beliebter rhetorischer Trick ist es nun, das eigentlich ganz intakte und gesunde Selbstwertgefühl des/der anderen dadurch zu unterminieren, dass man dieses Selbstbewusstsein als Arroganz umdeutet, dass man ihm/ihr Anmaßung vorwirft, die niemandem zusteht. Aber auch diese Attacke lässt sich leicht parieren:

Initiative	**Ihre Reaktion**
»Du hältst dich wohl für ’was Besseres.«	»Ich bin in diesem Punkte befangen.« »Ich kann mit deinem Kommentar nichts anfangen.«

Vielleicht finden Sie diese Reaktionen (besonders die erste) ziemlich arrogant. Geschenkt! Wir sind derselben Meinung. Aber: Wenn Sie zu dieser wirklich etwas rasiermesserartigen Erwiderung greifen, dann sollte sie auch zu der Absicht Ihres Gegners passen. Wenn der/die Ihr Selbstbewusstsein wirklich erschüttern will, dann sollten Sie keine zu großen Skrupel haben. Eine Argumentation in der Richtung, dass Sie sich gar nicht für etwas Besseres halten, würde ich nicht versuchen. Sie ist meistens zum Scheitern verurteilt. Ihnen wird nämlich mit sozialer Isolation gedroht: Wer sich »für etwas Besseres« hält (als die anderen), der isoliert sich eben von den anderen. Zeigen Sie, dass eine solche Drohung bei Ihnen nicht verfängt! Die zweite Reaktion (»Ich kann mit …«) ist eine Art Mehrzweckwaffe, die Sie immer dann einsetzen können,wenn Sie absolut keine Lust haben, sich mit einem Kommentar der Gegenseite auseinander zu setzen.

13. »Bilde dir bloß nichts ein!«

Diese Aufforderung ist nun wirklich sehr gängig, und sie gehört zum Standardrepertoire von Alltagskonflikten. Aber wieso eigentlich soll ich mir »nichts einbilden«? Was ist schlecht daran? Was vor allem wird in diesem Zusammenhang nicht gesagt, steht aber unausgesprochen dahinter? Es geht u.a. um ein gutes Selbstwertgefühl, vielleicht auch um Stolz auf irgend etwas. Zunächst einmal steht unausgesprochen der Gedanke dahinter: Das, worauf ich stolz bin, ist »in Wirklichkeit«, d.h. nach Meinung der Gegenseite, gar nichts, meine »Leistung« oder das, was ich dafür halte, ist keine. Und außerdem: Die wahren Werte und die unbestechlichen Maßstäbe verwaltet derjenige, der mich auffordert, mir nichts einzubilden. Es fragt sich, ob ich das akzeptiere. Vielleicht kommt Ihnen das jetzt bekannt vor: Es ist wieder der Versuch, das *Bewertungsmonopol* in einer nicht ganz konfliktfreien Beziehung zu erobern. Warum allerdings der *Stolz* eine beliebte Zielscheibe von Kritik ist und weshalb er so oft und gerne abgewertet wird, dazu müssen wir ein paar Schritte in der abendländischen Kulturgeschichte zurückgehen. In der christlichen Religion war die *superbia*, zu Deutsch »der Hochmut«, eine der sieben Todsünden. Demütige Bescheidenheit, sein Licht unter den Scheffel stellen, alles in allem also eine negative Verkennung des Wertes der eigenen Persönlichkeit, standen hoch im Kurs.[6] Das blieb auch so, als die christliche Religion ihren Einfluss allmählich verlor, und machte sich in gängigen Erziehungspraktiken breit, die Kinder zu zurückhaltender Bescheidenheit anhielten. Wenngleich wir heute im Zeitalter des »kollektiven Narzissmus« leben – manche Zeitkritiker meinen das jedenfalls –, der zu Stolz und gesundem, ebenso wie zu übertriebenem Selbstbewusstsein eigentlich ein durchaus entspanntes Verhältnis hat – so ganz verschwunden aus der Alltagskommunikation ist der Verdacht noch nicht, dem Stolz und intaktes Selbstwertgefühl ausgesetzt sind. Oder haben Sie die folgende Situation noch nie erlebt? Sie bekennen sich halbwegs selbstbewusst zu einer kleinen Schwäche und müssen sich plötzlich in einer ziemlich verbiesterten Tonlage fragen lassen:

»Du bist wohl auch noch stolz darauf?!«

Es geht gar nicht darum, dass Sie stolz auf gewisse Eigenheiten Ihrer Person sind, sondern dass Sie sich so akzeptieren, wie Sie sind. Lassen Sie sich diese Selbstakzeptanz nicht nehmen! Und wenn andere diese Selbstakzeptanz »Stolz« nennen, ist das deren Sache. Irgendeine Verbindlichkeit für Sie ergibt sich daraus nicht.

Hier zwei Vorschläge, wie Sie kontern können:

Initiative	**Ihre Reaktion**
»Bilde dir bloß nichts darauf ein!«	»Wenn ich mir nichts einbilde auf mich, wer tut's dann?«
»Du bist wohl auch noch stolz darauf?«	»Ins Schwarze getroffen!«

Die erste dieser Reaktionen ist genau genommen blanker Nonsens. Den Sie aber hauptsächlich deshalb äußern, weil Sie die Bemerkung Ihres Gegenübers (und vielleicht auch diese[n] selbst?) nicht ganz ernst nehmen. Anders gesagt: So spielen Sie der Gegenseite deren Kanonenkugeln als Tennisbälle zurück.

14. »Alles nur billige Schmeichelei!«

Vielleicht haben Sie am Ende des letzten Kapitels gedacht, die Partie sei definitiv zu Ihren Gunsten ausgegangen. Das würde ich Ihnen auch wünschen, aber Vorsicht! Wer wirklich ernsthaft um das *Bewertungsmonopol* – und damit um die Dominanz über Sie! – kämpft, der gibt nicht so schnell auf.

Möglich, dass Sie als Trumpfkarte eine fremde Anerkennung ausgespielt haben. Jemand hat Ihre Leistung gewürdigt, jemand hat Sie sympathisch und attraktiv gefunden, jemand hat Ihnen irgendeine sonstige Nettigkeit gesagt. Ihr Gegner (also der mit dem Bewertungsmonopol) wird sich jetzt erst recht herausgefordert fühlen. Sie sollen, so seine Aufforderung, sich nicht nur auf Ihre Leistung »nichts einbilden«, sondern auch auf fremde Freundlichkeiten nicht. Denn die sind eine ernsthafte Konkurrenz, die bedrohen sein Bewertungsmonopol. Plötzlich ist seine Meinung nur noch eine von vielen. Und das wäre nun allerdings das Letzte, was ein Bewertungsmonopolist aushalten könnte.

Was könnten seine/ihre Motive sein?

- Er/sie will Sie vielleicht in Abhängigkeit halten.
- Ihn/sie mag Eifersucht an- und umtreiben, womöglich auch die Angst, dass andere sich besser bei Ihnen Einfluss verschaffen können als er bzw. sie.

Wer »die wahren Werte verwaltet« – und davon, dass

nur er das kann, ist der Bewertungsmonopolist zutiefst überzeugt –, kann Konkurrenz nun wirklich nicht gebrauchen. Der Bewertungsmonopolist *sitzt auf der Wahrheit* (eine andere gibt es nicht!) wie ein Adler auf seinem Ei. Anerkennungen, die Sie von dritter Seite bekommen, sind eine solche Konkurrenz. Was also sagt er/sie in diesem Fall? Schauen Sie auf die Überschrift!

Wir lassen uns gleich etwas dazu einfallen, aber wir müssen bei Anerkennung von anderen noch eine wichtige Unterscheidung treffen. Private Anerkennung lässt sich leichter als »Schmeichelei« entwerten als eine, die von institutioneller Seite kommt, also von Lehrern, Professoren, Vorgesetzten etc. Deren Urteil kann man nicht gut mit dem Wort »billige Schmeichelei« in Zweifel ziehen, ohne gleichzeitig sein eigenes Urteil infrage zu stellen.

Was sagt der »Bewertungsmonopolist« also? »Bilde dir aber ja nichts darauf ein!« Darauf haben Sie am Ende von Kapitel 13 schon geantwortet, aber die »Schmeichelei« braucht noch einen Konter. Der kommt jetzt:

Initiative	**Ihre Reaktion**
»Alles nur billige Schmeichelei!«	»Du ahnst gar nicht, wie gut Schmeicheleien tun. Von dir kommen ja nie welche.« »Ob billig oder teuer, es macht einfach Spaß, etwas Nettes zu hören.«

Ich habe jetzt mehrfach das Wort *Bewertung* in einem ziemlich negativen Zusammenhang verwendet, denken Sie etwa an *Bewertungsmonopol*.

Deshalb noch einmal zur Erinnerung: Es ist etwas völlig Normales, d.h. ein Standardverhalten, dass wir im täglichen Leben einander bewerten, positiv oder negativ. Ich würde deshalb auch nie behaupten oder gar verlangen, dass wir einander nicht abwerten dürften, denn das wäre nun wirklich unrealistisch. Erst wenn dieses *einander* jedoch ausfällt, erst wenn einer von beiden die Ausschließlichkeit (wohlgemerkt: der negativen Bewertung) für sich beansprucht und den anderen mit seinen Bewertungen nicht mehr zu Wort kommen lässt, dann wird es problematisch. So problematisch wie in diesen beiden Kapiteln.[7] Das wäre dann wieder ein Beispiel dafür, dass das *Prinzip der Gegenseitigkeit* einseitig außer Kraft gesetzt wird.

15. »Nenn' du es *Vorsicht*, ich nenn' es *Feigheit*«!

Kommt Ihnen das bekannt vor? Falls nicht, dann haben Sie wahrscheinlich nicht viele soziale Kontakte, und schon gar keine besonders engen. Wenn Ihnen die Kapitelüberschrift aber doch bekannt vorkommt, dann wissen Sie sicher auch, dass man für *Vorsicht* und *Feigheit* noch diverse andere Gegensatzpaare einsetzen kann, nämlich

- *Geiz* und *Sparsamkeit*,
- *Großzügigkeit* und *Verschwendung*,
- *Risikofreude* und *Tollkühnheit*.

Doch brechen wir die Aufzählung ab, denn Vollständigkeit ist manchmal auch Pedanterie. Zum Verständnis so unterschiedlicher Bewertungen hilft uns das folgende Zitat weiter:

»Der menschliche Geist hat die natürliche Neigung, sich selbst als Zentrum des Universums zu sehen. Das führt dazu, dass zwei Menschen die Ereignisse in ihrer unmittelbaren Umgebung oft verzerrt wahrnehmen … Diese egozentrische Sichtweise kann endlose Streitereien auslösen.« (Barbach/Geisinger, S. 106)

Gestritten wird vor allem um Bewertungen, denn *Vorsicht* und *Feigheit*, *Sparsamkeit* und *Geiz* etc. enthalten Bewertungen bzw. Abwertungen und nichts anderes. Abgewertet wird also, so können wir auch sagen, weil da jemand aus dem Dunstkreis seiner höchst privaten Weltsicht einfach nicht herausfindet. Er oder sie muss die Dinge des Lebens, dazu gehören eben auch die Eigenschaften von Personen, so sehen, wie sie/er sie wahrnimmt. Ein wirklich zweifelhaftes Motiv steckt nicht dahinter. Denn wenn es eine »natürliche Neigung« ist, wie Barbach/Geisinger treffend bemerken, dann ist es unser aller Neigung, Ihre und meine.

Reagieren müssen wir trotzdem darauf, denn wenn *Vorsicht* und *Feigheit*, *Sparsamkeit* und *Geiz* gegeneinander antreten, dann geht es nicht mehr friedlich zu.

Initiative	**Ihre Reaktion**
»Ich nenne das Feigheit (oder Geiz oder Verschwendung …) !«	»Nenn' das, wie du willst, aber deine Maßstäbe sind für mich nicht verbindlich/sind nicht meine.«

16. »Ich hab' es dir schon hundertmal gesagt!«

Eine dezente Übertreibung … Sie gibt uns jedoch Anlass, einiges nachzutragen über den Bewertungsmonopolisten. Wir wollen ihn nicht schlechter machen, als er ist. Vor allem ist er keine absolute Negativfigur, jedenfalls normalerweise nicht. Vielleicht gehören wir selbst, d.h. Sie und/oder ich, auch zu der Sorte. Und sei es auch nur manchmal … Schließlich *kann* er/sie auch etwas Bestimmtes, das wollen wir nicht verkennen. Das Bewertungsmonopol zu erringen, das kann nämlich manchmal auch harte und erfolgreiche Arbeit voraussetzen. Die eigene Sicht der Dinge für andere verbindlich zu machen, das verlangt einige rhetorische Kunstgriffe (und einige Skrupellosigkeit auch), die muss man erst einmal »drauf haben«.

Nehmen wir an, man will jemanden angreifen, um ihn/sie abzuwerten. Dann wird eine Person und alles das, was sie tut, und das, was sie sagt, rhetorisch so präpariert, dass man einen Angriff starten oder aber dieser Person einen Anspruch verweigern kann:

- »Du hast wohl gar nichts anderes im Kopf als …«,
- »Du weißt wohl immer alles«,
- »Du machst wohl nie 'was falsch«.

Man behauptet einfach etwas, und wenn diese Behauptung unwidersprochen bleibt, hat man gewonnen. Wichtig dabei ist: Man muss Dinge behaupten, die *wirkungsvoll klingen*. Ob sie wahr sind, das ist dabei weniger interessant. Wenn jemand manchmal etwas weiß und gelegentlich etwas richtig macht, dann ist das überhaupt nicht der Rede wert. Und wenn ich jemandem etwas nicht hundert-, sondern nur ein- oder zweimal gesagt habe, dann kann ich damit leider gar nichts anfangen. Als »verbales Wurfgeschoss« ist derlei völlig ungeeignet. Richtige Wirkung zeigt erst die dramatisierende Übertreibung.

Initiative	**Ihre Reaktion**
»Ich hab' es dir schon hundertmal gesagt!«	»Hast du auch richtig gezählt?«

Mit dieser Reaktion zeigen Sie ganz sicher, dass Sie Ihre Gegenseite nicht ernst nehmen, doch Vorsicht! Wenn der so ein richtiger »staatlich geprüfter« Choleriker ist, dann ist wiederum eine gewisse Zurückhaltung angezeigt.

17. »Das wurde aber auch Zeit.«

Wenn Sie jemand abwerten will, dann brechen für den Betreffenden harte Zeiten an, wenn Sie wirklich einmal etwas so Großartiges geleistet haben, dass jeder Ihnen auf die Schulter klopft – nur eben jener Mensch nicht. Nun muss er (oder sie) sich wirklich etwas einfallen lassen. Da er Sie jetzt nicht gut offen abwerten kann, ohne als Sonderling dazustehen, verweigert er Ihnen die eigentlich fällige Anerkennung. Wenn man jemandes Leistung nicht anerkennen will, dann bekrittelt man z. B., dass sie nicht schon früher erbracht wurde. So ging es mir selbst einmal: Als ich mit meiner Doktorarbeit zugegebenermaßen endlich fertig war, sagte jemand aus meiner weiteren Umgebung: »Das wurde aber auch Zeit.« Und das ohne Glückwunsch.[8]

Die *Verweigerung von Anerkennung* hängt also auch sehr eng mit Abwertung zusammen. Dass die Leistung als solche nicht offen angegriffen wird, damit muss man dann wohl schon zufrieden sein.

Initiative	**Ihre Reaktion**
»Das wurde aber auch Zeit.«	»Besser spät als nie.«

18. »Babettes Fest« oder: »Wir sagen einfach nicht, wie gut es war.«

Noch einmal: Sie haben etwas geleistet, etwas, das man eigentlich nicht übersehen kann. Ein glorreiches Examen gemacht, eine neue Suchmaschine entwickelt, Ihre Firma vor der drohenden Pleite gerettet. Etwas, das man wie gesagt nicht übersehen kann, aber es wird übersehen. Statt Lob und Anerkennung kriegen Sie ganz einfach – nichts. Sie machen auf sich aufmerksam, Sie versuchen es wenigstens, und was ist die Reaktion? – »Und was gibt's sonst Neues?« – Das ist die Reaktion. Ganz ähnlich gibt es Leute, die lachen prinzipiell über keinen Witz, den sie nicht selbst erzählt haben.

Ob die folgende Erkenntnis in der betreffenden Situation sehr trostreich ist, weiß ich nicht, aber hier handelt es sich um *verweigerte Anerkennung*. Das ist ein Standardverhalten. Sie können es im Elternhaus, in der Schule, am Arbeitsplatz und auch in der Partnerschaft erleben. Überlegen Sie doch einmal, wann Sie der verweigerten Anerkennung in den vergangenen drei Wochen begegnet sind. Wahrscheinlich mehr als nur einmal.

In dem Film »Babettes Fest« (Regie: Gabriel Axel) verschlägt es die gleichnamige Hauptfigur, eine französische Starköchin (gespielt von Stéphane Audran), aus den Wirren der Pariser Kommune (1871) auf eine dänische Insel, wo sie sich inmitten verkniffener Puritaner eine neue Existenz aufbaut. Eines Tages also findet jenes Fest statt, das dem Film seinen Titel gibt, ein glanzvolles Bankett, auf dem Babette das ganze Register ihres Könnens zieht. Der schwedische Adlige Löwenhjelm bemerkt sogleich, dass er so köstlich in seinem ganzen Leben noch nicht gegessen hat, und versucht, die gleichfalls an der Tafel präsenten Dorfbewohner in sein Lob einzustimmen. Vergeblich. Die haben sich in ihrer vermufften Genussfeindlichkeit verschworen, aber auch nicht ein Sterbenswort verlauten zu lassen, und verharren in bösem Schweigen. Babette nimmt es hin …

Meine eigenen Kochkünste bewahren mich zwar lediglich vor dem Verhungern, aber nachfühlen kann ich es leicht, was es bedeutet, wenn die wirklich verdiente Anerkennung ausbleibt. Die Motive, aus denen heraus Menschen ihren Mitmenschen die eigentlich verdiente Anerkennung verweigern, sind sehr unterschiedlich, und emotionale Hartleibigkeit puritanischer Provenienz ist vielleicht nicht unbedingt repräsentativ.

Das folgende Beispiel, aus dem Kontext einer psychotherapeutischen Fallgeschichte, kommt in der Alltagserfahrung schon eher vor:

»Vivians Vater konnte es nie über sich bringen, die Leistung seiner Frau anzuerkennen, weil er darin nur einen Beweis für sein eigenes Versagen sah.« (Barbach/Geisinger, S. 42)

Manche Menschen also riskieren, mit der Aufwertung anderer sich selbst abzuwerten. Neid und Eifersucht sind natürlich sehr eng verwandte Motive. Betrübliche Perspektive: Machen können Sie nicht viel in einer solchen Situation. Wer nicht will, der will nicht, so banal das auch klingt. Was Sie aber tun können: sich einmal überlegen, ob Sie Ihre Anerkennung nicht auch von anderen Personen bekommen können. Und ob der-/diejenige, von dem/der Sie sie eigentlich haben wollten, wirklich die richtige Adresse für Ihre Bedürfnisse ist.

19. Aus der Froschperspektive auf andere runtergucken

Nachdem Sie sich in diesem Buch bis hierher »vorgearbeitet« haben (bravo!), wird Sie die Feststellung nicht sonderlich überraschen, dass es nicht immer die saubersten Motive sind, aus denen heraus jemand einen anderen oder andere abwertet. Es kommt sogar vor – und das gar nicht einmal selten –, dass die Dominanzposition des »Abwerters« durch und durch unecht ist. Der Beifahrer im Auto, der von der Hinterbank oder auch dem Nebensitz alles Mögliche kommentiert, was der Fahrer eigentlich tun müsste: schneller/langsamer fahren, überholen/nicht überholen, nicht südlich, sondern nördlich vom Hauptbahnhof aus den Rathausplatz ansteuern – der Beifahrer weiß es immer besser. Nicht ganz unwichtig allerdings: Das Auto fährt auch ohne ihn. Auch wenn er gar nicht drin säße. Er ist die unwichtigste Figur im Wagen.[9] Das halten manche Leute nicht aus und versuchen, sich eine Position angemaßter Überlegenheit zu verschaffen. »Kompensatorik« heißt dies in anspruchsvollerer Ausdrucksweise. Dieses Verhalten des Beifahrers ist übrigens auch schon Gegenstand seriöser Forschung geworden. Es nennt sich »Beifahrersyndrom« und wird auch außerhalb von Fortbewegungsmitteln beobachtet. Immer dann nämlich, wenn jemand sich unterlegen fühlt und damit ausgesprochen schlecht zurechtkommt.[10]

Vor einigen Jahren hörte ich von einem jungen Spanier, der mit seinen Eltern nach Deutschland gezogen war und gelegentlich die Verwandtschaft in seinem Heimatort besuchte. Eines Abends wäre er vor einer Diskothek beinahe verprügelt worden. Einige junge Männer, die ihn kannten, alle entweder arbeitslos oder in schlecht bezahlten Jobs, pöbelten ihn an als »burro alemán«, wörtlich: »deutscher Esel«, oder etwas freier übersetzt: einer, der so blöd ist, nach Deutschland zu gehen. Ein Kommentar muss hier wohl nicht sein. Eine Reaktion besser auch nicht, denn dann hätte es die angedrohten Prügel wirklich gesetzt.

Es ist aber auch nicht so, dass man gar nicht reagieren müsste – jedenfalls, wenn es um Kommentare mit dem Absender »Beifahrersitz« geht. Der Mann am Steuer, der seine Frau und seine Schwiegermutter durch die Landschaft kutschierte und sich von beiden ganz widersprüchliche Kommentare – herabsetzende natürlich, was denn sonst? – einfing, sagte zur Ersteren:

Initiative	**Ihre Reaktion**
»… ?! … !!! …« »… !!!! … ?!?«	»Fährst du oder deine Mutter?«

Vielleicht kannten Sie den ja schon. Ich bitte in diesem Fall um Nachsicht und beeile mich hinzuzufügen: Einer Dame am Steuer kann in Begleitung zweier Herren selbstverständlich Ähnliches widerfahren. Sie könnte vielleicht so reagieren:

Initiative	**Ihre Reaktion**
(siehe oben)	»Wenn die Herren vielleicht lieber zu Fuß gehen möchten ...«

20. »Wer will denn mit dir noch ’was zu tun haben?«

Das Beifahrersyndrom ist nicht die einzige ziemlich fragwürdige Motivation, aus der heraus jemand abgewertet wird. Es gibt viele davon, und ich will sie nicht alle ausbreiten, aber die nächste möchte ich Ihnen nicht vorenthalten.

Zur Abwertung gehört – nicht immer, aber ziemlich oft – die *soziale Isolierung*. Des Abgewerteten natürlich oder des Opfers, wie wir auch sagen können. Er soll ganz alleine dastehen, niemand soll sein wie er/sie. Außerdem: Wenn ich jemanden abwerte, dann sollen das bitteschön auch andere tun. Denn wo bliebe mein Bewertungsmonopol, wenn nicht auch andere meiner Meinung wären?! Also, wenn schon Abwertung, dann auch richtig. Die Botschaft an das Opfer muss also lauten:

»Niemand ist so wie du, und deshalb hast du auch keine Bundesgenossen, niemanden, der dich verteidigt.«

In der sozialen Isolation ist es kalt und zugig … Behaupten lässt sich übrigens vieles, z.B. dass niemand mehr etwas mit mir zu tun haben will. Ebenso, dass man mir irgendetwas bereits hundertmal gesagt hat. Und viele Dinge im Alltagsleben, das hatten wir schon festgestellt, werden ganz einfach um ihrer Wirkung willen gesagt, weil sie sich gut anhören, und nicht deshalb, weil sie »wahr« sind, obwohl der Bewertungsmonopolist natürlich behaupten wird, sie seien wahr. Das muss er auch. Schon um seiner Selbstachtung willen – und weil er an einer gar nicht kleinen Portion Realitätsverlust leidet. Bei passender Gelegenheit kriegt er/sie das auch gesagt.

21. »Was ist bloß mit dir los?«

Mit dir ist in jedem Fall etwas los, es fragt sich nur was. Du bist nicht in Ordnung, und wenn ich schon so frage wie in der Kapitelüberschrift, dann bin ich ganz bestimmt in Ordnung, sonst würde ich nicht so fragen. Das versteht natürlich jeder, außer dir vielleicht.

Du bist nicht so, wie du sein solltest. Wie du sein solltest, das weiß ich, und das bestimme ich. Am besten, du akzeptierst das. Schluss mit der Beschimpfung.

Erstaunlich übrigens, wieviel Nichtgesagtes, aber Mitgemeintes hinter dieser Sechs-Wörter-Frage der Überschrift steckt. Aber das ist in der Alltagskommunikation häufig so. Wenn Sie sich so verhalten, dass Sie das Missfallen Ihres Gegenübers erregen (Kollege, [Ehe]-Partner etc.), dann liegt das an Ihnen. Sagt die andere Seite jedenfalls. Dort werden ja auch die »wahren Werte« verwaltet. Wenn Sie jetzt auf den Gedanken kommen, Ihre(n) Partner(in) zu fragen, ob nicht vielleicht mit seiner/ihrer Perspektive etwas nicht stimmt, dann ist der Streit voll im Gange, und Sie wollen doch keinen Streit, oder? Den müssen Sie aber wollen. Wenn Sie keine Lust haben, sich so einfach ins soziale Abseits der Anormalen, derer, die »nicht richtig ticken«, drängen zu lassen. Wahrscheinlich ist die Gegenseite, die Ihnen jene Frage stellt, ziemlich emotionalisiert. Fangen Sie jetzt vielleicht keine Grundsatzdiskussion darüber an, dass die so genannte Normalität etwas Relatives sei und die entsprechenden

Maßstäbe genauso. Das macht man besser bei einem Glas Rotwein, und nicht unbedingt, wenn einem die Cognacgläser um die Ohren fliegen oder die Situation danach aussieht. Wie wäre es jetzt noch einmal mit einer Retourkutsche? Nicht gerade geistreich, aber manchmal ganz wirkungsvoll. Die zweite Möglichkeit: Sie lassen die andere Seite einfach ins Leere laufen. Als seien Sie gar nicht da.

Initiative	**Ihre Reaktion**
»Was ist bloß mit dir los?!«	»Könnte es sein, dass mit dir was los ist?« »Ich kann dir mit keiner Antwort dienen.«

22. Imagedemontage

Da wir schon einmal dabei sind, uns zu fragen, weshalb überhaupt Menschen andere herabsetzen, stoßen wir auf ein weiteres ganz wichtiges Motiv. Ich muss Sie jetzt allerdings um Nachsicht bitten dafür, dass ich, wie es scheint, etwas umständlich vorgehe. Ich frage nämlich zunächst einmal: Was wird denn überhaupt bei denjenigen angerichtet, die sich eine Herabsetzung gefallen lassen müssen, d.h. sich nicht dagegen wehren können? Denen nichts Schlagfertiges einfällt? Nach der Antwort muss man gewiss nicht lange suchen: Es ist eine *Beschädigung des Selbstwertgefühls*. Und die ist in sehr vielen Fällen von dem/der Aggressor(in) auch so gewollt. Was da gewollt wird, können wir auch so nennen: Es ist eine Beschädigung, im schlimmsten Falle auch eine Zerstörung des Image der Gegenpartei, kurz gesagt: eine *Image-Demontage*.

Und weiter: Was könnte mich als Aggressor(in) dazu bringen, anderen ihr Selbstwertgefühl kaputtzumachen?

Antwort: Wenn ich das erreicht habe, fühle ich mich ihnen überlegen, und meinem Wohlgefühl tut das gut. Vorausgesetzt, ich bin entsprechend veranlagt. Wir sind wieder bei dem Gedanken aus Kapitel 6: Ich oben – du unten. Oder etwas ausführlicher: Überlegenheit bedingt Unterlegenheit. Das wäre dann ein weiteres, nicht gerade vornehmes Motiv für die Abwertung anderer. Sie sehen: Unsere Kollektion wird immer größer …

23. Ein Wort der Klarstellung

Ich könnte mir vorstellen, dass Ihnen das Wort »Abwertung« inzwischen überhaupt sehr fragwürdig geworden ist, besonders wenn Sie die letzten Kapitel gelesen haben. Das wäre auch nicht weiter erstaunlich, denn die Motive, aus denen heraus jemand andere abwertet, sind ja nicht immer von der feinsten Sorte.

Manchmal aber eben doch! Denn nicht alle Situationen im täglichen Leben entsprechen unseren Erwartungen. Nicht alle Dinge, mit denen wir umgehen oder die wir in den Händen halten, sind über jeden Zweifel erhaben, und es leisten auch nicht alle Menschen jeden Tag Hervorragendes. Manchmal ist eine faire, sachliche Kritik das Beste, was uns passieren kann. Ich selber habe aus solcher Art Kritik Wichtiges gelernt und sie nie als Abwertung meiner Person empfunden. Dinge oder Menschen schönzureden, die uns nicht überzeugen, kann gewiss nicht die Alternative zu destruktiver Abwertung sein. Denn wenn wir uns das zur Gewohnheit machen, kämen uns sehr schnell die Orientierungen abhanden, zu denen eben auch, wie oben bereits gesagt, die Bewertung gehört.

Worauf es mir ankommt, ist, dass nicht jemand so einfach sein Ego stärkt auf Ihre Kosten. Und dass Sie sich wehren, wenn er/sie es doch versucht. Und obwohl es nicht mein Thema ist, sei es gesagt zu Kontrastzwecken: Die allermeisten Menschen sind für ihr eigenes Wohlbefinden auf *Lob und Anerkennung* angewiesen. Wie sehr das der Fall ist, zeigt das folgende Zitat:

»Das sind so Tage … Da hätte man es gern, die Türe ginge auf und einer käme rein und sagt: Was machen wir denn heute? Und fährt dann fort: Erst tun wir dies, dann machen wir jenes, ich hab's mir überlegt, das tut dir gut. Ich sehe deine Schwächen, aber eigentlich bist du ja klasse, Mann, bist du super, keiner kann dich schlagen, du bist groß, und du bist stark, stark, stark …« (Axel Hacke, vgl. Literaturverzeichnis; Auslassungen im Original)

Wenn man mit Lob und Anerkennung nicht geizig ist, macht man sich das Leben ganz einfach leichter. Mit Menschen, denen man zuvor ein, neudeutsch gesagt, *positives feed-back* vermittelt hat, ist besser umzugehen. Die machen einem weniger Probleme. Das Ganze gilt umgekehrt natürlich entsprechend. Falls Sie das berechnend finden, muss ich Sie zurückfragen, was Sie wollen. Wie wollen Sie im Alltag zurechtkommen? Wie sollen Ihre Beziehungen zu anderen Menschen aussehen?

Und da ich gerade dabei bin: Möglich, dass manche von Ihnen Vieles in diesem Buch »so negativ« finden, als sei die Welt voll von Menschen, die einem Übles wollten. Wo bleibt da das Positive? »Lass uns richtig streiten. Vom Wortgefecht zum Dialog« – so lautet der, wie ich finde, etwas idealistisch getönte Titel eines Buches von Deborah Tannen (siehe Literaturverzeichnis), einer Autorin, aus deren Büchern ich viel gelernt habe. Ich interessiere mich jedoch im Gegensatz zu ihr mehr für Auseinandersetzungen, in denen eine der Parteien an »richtigem Streiten« nun wirklich nicht interessiert ist. Einen »Dialog« wollen viele gar nicht. Was macht man dann? Darauf muss man sich ja auch irgendwie einstellen.

24. »Sie wiederholen sich.«

Einzigartigkeit, irgendwie besonders zu sein, anders als andere, gilt in unserem abendländischen Kulturkreis als hoher Wert. Jungen Menschen wird bei ihrer Konfirmation und Kommunion bereits gesagt, sie seien einzigartig. Und solange das Klonen von Menschen nicht üblich wird, stimmt das ja auch – sofern man den Anspruch des Wortes *einzigartig* etwas zurücknimmt. Niemand von uns möchte gern mit anderen verwechselt werden. Sehr schlecht ist es also, wenn einem Unoriginalität nachgesagt wird. Das ist etwa dann der Fall, wenn man öfter Dinge sagt,

- die man selbst schon vorher gesagt hat,
- die andere bereits vor einem gesagt haben.

Wie verletzend das sein kann, das zeigt eindrücklich der von mir sehr geschätzte Rupert Lay in seinem Buch »Führen durch das Wort« (S. 152; siehe Literaturverzeichnis). Im Rahmen eines Management-Seminars wurde ihm einmal von einem leitenden Angestellten gesagt, das, was er, nämlich Rupert Lay, da soeben von sich gegeben habe, das könne man doch überall hören. Noch weniger zimperlich ausgedrückt hieße das: »Das sind doch alles alte Kamellen.« Das ist ein »Killerargument«, wobei das Wort »Argument« dieser Phrase eigentlich zuviel Ehre antut. Der »Killer« muss nichts, aber auch gar nichts beweisen, und er wird sich auch hüten, das zu tun. Er behauptet ganz einfach. Das reicht ihm. Nicht nur im Rahmen von Management-Seminaren wird dergleichen gesagt. Es kann auf jeder beliebigen Geselligkeit vorkommen, dass einer dem anderen »eins auswischen«, sein Image damit demontieren möchte, dass dieser andere nichts wirklich Interessantes zu sagen hat, was anzuhören sich lohnt.

Falsch wäre es jetzt,

- sich zu ärgern,
- den Gegner zu fragen, wo die vermeintlich »alten Kamellen« schon einmal seinen Weg gekreuzt haben.

Den ersten Rat muss ich wohl nicht begründen, den zweiten lasse ich aber nicht ohne »Gebrauchsanweisung«. Wenn es Ihr Gegner ernsthaft darauf abgesehen hat, Ihr Image zu untergraben, wird er Ihnen jene Frage kaum detailliert beantworten, sondern vielmehr sagen, er habe jene Information mittlerweile schon so oft gehört, dass er sich nicht mehr im Einzelnen erinnern könne (und wolle), wo und wann. Bei Belanglosigkeiten muss er sich, meint er, wirklich nicht detailliert erinnern (eine doppelte Abwertung: belanglos und dann auch noch soundsooft gehört). Nun geht's an die Repliken:

Initiative	Ihre Reaktion
»Das sind doch alles alte Hüte!«	»Vielleicht haben Sie da etwas durcheinander gebracht (oder: missverstanden).« (Das darf nicht verbissen klingen!) Oder nicht ganz so seriös: »Es ist alles schon einmal gesagt worden, nur noch nicht von allen.«

Ich hoffe dabei natürlich, dass Sie nicht »Pech hatten« mit der Neuigkeit dessen, was Sie sagten, sondern ich hoffe, dass Ihr Gegner wirklich das Blaue vom Himmel herunter behauptet. Im ersten Fall verbietet sich die Frage nach der Herkunft seiner Informationen natürlich doppelt und dreifach!

Eine Fußnote gewissermaßen: In einem der vorderen Kapitel sagte ich, in der Politik sei es genauso. Das könnte ich jetzt hier noch einmal sagen. Wenn also Politiker oder deren Parteien einander mit Vorwürfen, Unterstellungen, Bewertungen etc. »beharken«, dann kontert die angegriffene Seite nicht selten mit der (wahren oder nicht ganz so wahren) Behauptung, die von der Gegenseite vorgebrachte Sache »sei nicht neu«.

Das wiederum unterstellt die Substanzlosigkeit des Angriffs. Oder das soll es vielmehr. Aber: Egal, ob zum ersten oder zum 23. Mal: Es geht doch wohl immer noch darum, ob eine Behauptung zutrifft oder eben nicht, und nicht darum, wie oft sie schon aufgestellt wurde.

25. »Du hast mich so enttäuscht!«

Einer der Grundpfeiler unserer Gesellschaft, aber überhaupt jeder Art von Gesellschaft, ob bei den Eskimos oder bei den Kopfjägern, ist das gegenseitige VERTRAUEN.[11] Wenn ich mich nicht mehr darauf verlassen kann,

- dass mein(e) Lebenspartner(in) nicht versucht, mir hinterrücks den Hals umzudrehen,
- dass der Autohändler mir meinen neuen Wagen auch wirklich mit der zugesagten Ausstattung zum vereinbarten Preis liefert,
- dass mein Geschäftspartner mir nicht das Fell über die Ohren zieht,

dann muss ich konsequenterweise den Umgang mit Menschen überhaupt meiden – mit der Konsequenz, dass ich außerhalb menschlicher Gesellschaft dann nicht lange überleben werde. Diese Gesellschaft würde sich überdies in ihre Bestandteile auflösen, wenn immer mehr Menschen sich so verhielten, wie ich es unter den genannten Voraussetzungen tun würde. Wenn Sie etwas von dem Kaliber (oben hinter den Spiegelstrichen) angestellt hätten, würden Sie in diesem Kapitel bezüglich meiner sonstigen Empfehlungen leer ausgehen. Oft wird aber nicht nur auf schwere Delikte, über die es gar keine Diskussion geben kann, mit dem Vorwurf reagiert:

»Du hast mich so enttäuscht!«

In den milderen Fällen, und das sind vermutlich die häufigeren, geht es um Folgendes: Der eine erwartet vom anderen etwas, das er bei diesem nicht vorfindet, aus welchem Grunde auch immer. Das wäre der nackte Sachverhalt ohne jede Bewertung. Es könnte jemand also sagen: »Ich habe dies und jenes von dir erwartet, und ich habe es bei dir nicht gefunden.«

Eine Bewertung kommt dagegen ins Spiel, wenn gesagt wird:

»Du hast mich so enttäuscht!«

Enttäuschen steht in gefährlicher Nachbarschaft zu *täuschen*, und das bedeutet nichts anderes als *betrügen*. Das hieße dann: »Du hast mich um meine Erwartungen (oder Hoffnungen) betrogen«. Jetzt sieht die Situation ganz anders aus, nämlich so:

- Ich bin im Recht, du bist im Unrecht.
- Meine Position ist die dominante, deine Position wird abgewertet.

Wer kontern will, muss sich fragen: Hat die Erwartung der anderen Seite zu Recht bestanden? Die Erwartung beispielsweise, dass ich sie oder ihn immer lieben werde? Kann es hier überhaupt so etwas wie Rechte geben? So, und jetzt kontern wir:

Initiative	**Ihre Reaktion**
»Du hast mich so enttäuscht!«	»Deine Erwartungen waren unrealistisch.« »Das ist das Problem deiner Erwartungen.« »Das kannst du nennen, wie du willst.«

Noch eine Fußnote zu dem Ausdruck »enttäuschen«: Jeder kann die Dinge des Lebens, ich sagte es schon, so nennen, wie er oder sie will. Es sei denn, man wird nicht mehr verstanden, oder es kommt einem der Beleidigungsparagraf in die Quere. Diese Freiheit der Benennung entspricht auf der Seite des/der Adressaten(in) die Freiheit, den mit dem Ausdruck »enttäuschen« garnierten Vorwurf anzunehmen oder eben die Annahme zu verweigern (vgl. die dritte der obigen Reaktionen).

26. »Nerv' mich nicht!«

Sofern wir nicht gerade eine Tomate eine Apfelsine nennen und somit unsere Zuhörer irritieren, haben wir eine außerordentlich große Freiheit, die Dinge des Lebens, Situationen, Menschen und ihre Eigenschaften zu bezeichnen, wie wir wollen – solange die Bezeichnung akzeptiert oder zumindest verstanden wird. Das klingt abstrakt? Gut, dann ein paar Beispiele:

Ihnen ist vielleicht noch geläufig, dass seinerzeit die Berliner Mauer von östlicher Seite als »antifaschistischer Schutzwall« hochgelobt, von westlicher Seite jedoch als »Schandmauer« gebrandmarkt wurde. Gemeint war dieselbe Sache. In eher privaten Kontexten kann es sein, dass jemand sich selber als »sparsam« bezeichnet, während ihm von anderer Seite die Eigenschaft »geizig« zugesprochen wird.[12]

Wer sich selber eher als »selbstbewusst« empfindet, der wird leicht als »überheblich«, »anmaßend« oder »eingebildet« beschimpft, und nicht wenige gelten als »ängstlich«, die von sich meinen, sie seien doch eigentlich nur »vorsichtig«. Wer jemanden abwerten will, wird von dieser Freiheit, anderen Menschen Etiketten aufzukleben, großzügig Gebrauch machen. Sehr beliebt ist es etwa, eine in irgendeiner Weise unwillkommene Aktivität des Partners, eine Frage z. B. oder eine Bitte, als »nerven« zu bezeichnen. Denn das ist klar: Wer einen anderen »nervt«, ist schon mal schuld.

Nichts und niemand kann mir auch die Freiheit nehmen, den recht entschiedenen Tonfall meines Gegenübers als »Anmache« oder »Anmeckern« abzuqualifizieren.

Wenn Sie solche negativen Etikettierungen stören – und klar, dass sie das tun –, dann machen Sie sich bitte klar, dass der/die andere Sie so nennen darf, wie er/sie will, sofern die Grenzen zur offenen Beleidigung nicht überschritten werden. Aber für Sie ist keine dieser Unerfreulichkeiten in irgendeiner Weise verbindlich. Sie müssen solche Etikettierungen nicht akzeptieren, wenn Sie das nicht wollen. Es sind im Grunde Belanglosigkeiten. Und es lohnt nicht, dass wir uns zu lange mit den Reaktionen aufhalten:

Initiative	**Ihre Reaktion**
»Nerv' mich nicht!«	»Tu' lieber was für/gegen deine schwachen Nerven.«

Sie hätten damit das Problem an den/die »Absender(in)« zurückgeschickt.

27. »Du weißt wohl immer alles!«

Eigentlich ist es ja paradox: Abgewertet wird nicht nur, wer Schwächen hat (echte oder nicht ganz so echte), sondern auch, wer etwas kann oder weiß. Vor Abwertungen ist nichts und niemand sicher, auch Kompetenzen sind es nicht. Den obigen Satz durfte ich mir zumindest sinngemäß gelegentlich auch schon anhören. Natürlich in der Bedeutung:

»Du weißt wohl immer alles besser!«

Was mich allerdings angeht, so kommt Folgendes der Realität wohl doch erheblich näher: Hätte ich mir nicht eine gewisse Abgebrühtheit zugelegt, so käme ich beim Lesen von Fachliteratur, aber auch schon der Tageszeitung aus dem Gefühl der Peinlichkeit überhaupt nicht mehr heraus. Wenn ich mir nämlich klar mache, was ich eigentlich wissen müsste, aber nicht weiß. Wer weiß, was andere nicht wissen, wer kann, was andere nicht können, sollte Dankbarkeit oder gar Bewunderung nicht für selbstverständlich halten, auch wenn er mit seinem Wissen oder Können seiner ganzen Mannschaft aus der Patsche hilft. Der Grund ist ziemlich simpel: Der/die Betreffende isoliert sich sozial von der Gruppe, ist nicht so wie die anderen, und die lassen ihn oder sie das spüren.

Initiative	Ihre Reaktion
»Du weißt wohl immer alles!«	»Was ich weiß, das weiß ich halt, ob immer oder manchmal …«

Nicht vergessen will ich den Hinweis auf die beiden Wörter, die sehr oft einem Vorwurf bzw. einer Abwertung überhaupt erst den rechten Biss geben: *immer* und *alles.*[13] Stellen Sie sich vor, jemand weiß *manchmal einiges*. Damit ist doch nun wirklich kein Staat zu machen. Es muss schon jemand sein, der sich in seinem »Fehlverhalten« (*immer alles* zu wissen) niemals ändern wird. Eine Umdrehung weiter, und aus dem, der »immer alles« weiß, wird der *Besserwisser.* Das kann in der Tat eine unangenehme Figur sein, nicht selten auch der Schrecken aller Reiseleiter, weil er sich in Details verbeißt, die nun wirklich niemanden außer ihn interessieren. Da aber, wie nun schon mehrfach festgestellt, niemand gehindert ist, jedem so ziemlich jedes Etikett aufzukleben, warum nicht auch das Etikett »Besserwisser« dem-/derjenigen, der/die es im betreffenden Fall wirklich besser weiß. Soll ja vorkommen. Sollte Ihnen das passieren – den Reiseführerschreck wollen wir sich selber überlassen –, ist vielleicht der folgende Vorschlag ganz angebracht:

Initiative	**Ihre Reaktion**
»Alter Besserwisser!«	»Lieber ein Besserwisser als ein Garnichtswisser (oder Vollignorant).«

Sagen Sie in solchen Situationen möglichst nicht: »Du ärgerst dich doch bloß« oder etwas von diesem Kaliber. Das klingt nach Schulhof oder Sandkiste, auch wenn die andere Seite, was anzunehmen ist, sich wirklich ärgert.

28. »Du kannst wohl keine Kritik vertragen!«

Wer Sie herabsetzt, wer versucht, Ihr Image zu demontieren, der wird ganz sicher nicht von sich sagen, er habe Sie herabgesetzt oder habe versucht, Ihr Image zu demontieren. Wahrscheinlich haben Sie sich zwischenzeitlich gewehrt, vielleicht auch dadurch, dass Sie sich meine Empfehlungen zu Nutze gemacht haben. Wer Ihnen wirklich übel will, der gibt aber nicht so schnell auf, das hatten wir ja schon einige Male festgestellt. Für ihn selber (oder auch sie) ist das, was er/sie gegen Sie vorzubringen hat, nichts anderes als wohlbegründete sachliche Kritik, die jeder andere Mensch, sofern halbwegs klar im Kopf, sofort unterschreibt. Das Problem sind Sie! Meint er/sie. Das Problem ist Ihre Empfindlichkeit, sind mimosenhafte Reaktionen oder wie Derlei noch genannt wird. Sie bekommen also das zu hören, was in der Überschrift steht:

»Du kannst wohl keine Kritik vertragen!«

Eventuell auch als leicht höhnisch gefärbte Frage:

»Kannst du vielleicht keine Kritik vertragen?«

Eines ist klar: Der soziale Konsens geht dahin: Man muss Kritik aushalten können. Da ist schon 'was dran, aber nicht jede Kritik verdient diesen Namen, und nicht jede Kritik ist es wert, dass man sich ernsthaft mit ihr auseinandersetzt. Der Konter ist schnell bei der Hand:

Initiative	**Ihre Reaktion**
»Du kannst wohl keine Kritik vertragen!«	»Nenn' das meinetwegen Kritik, für mich ist das mentale Entsorgung.« Eine etwas mildere Variante wäre: »Ich kann *deine* Kritik nicht vertragen.«

In beiden Reaktionen hätten Sie den Problemstatus an ihre(n) Aggressor(in) zurückgegeben. Und dorthin gehört er auch.

29. Noch einmal: Abwertung als Machtspiel

Dass es bei Konfliktkommunikation meistens auch um Macht geht, sagte ich schon, ich möchte diesen Gedanken aber jetzt noch etwas präzisieren und vertiefen. Das Interessante an der Macht ist eine Situation, in der um die Macht gekämpft wird. Wenn die eine Seite die andere zu beherrschen versucht und diese(r) andere den gegnerischen Vorstoß erfolgreich abwehrt oder bei diesem Versuch scheitert. Oder seiner-/ihrerseits in die Offensive übergeht. Mit einem Wort: Es geht um das *Machtspiel.*

Denn wenn eine Seite die Macht fest in ihren Händen hält und die Gegenseite sie ihr nicht streitig macht bzw. machen kann, ist das Machtspiel bereits gelaufen. Bei Beziehungen zwischen Chef und Angestellten ist dies in der Regel der Fall. Nach allem, was wir bis jetzt festgestellt haben, gehören zum Machtspiel in jedem Fall die beiden folgenden Aspekte:

- Das *Prinzip der Gegenseitigkeit* (oder Reziprozität) wird einseitig aufgekündigt.

Das bedeutet: Ich stelle Fragen, schulde aber keine Antworten. Ich verlange Erklärungen, gebe aber keine. Ich fordere Rechtfertigungen, rechtfertige mich selbst aber nicht.

- Die Eroberung des *Bewertungsmonopols.*

Ich sage, wie mein(e) Partner(in) ist und was er oder sie tun sollte, und dulde dabei keinen Widerspruch. Klar, dass ich mir Entsprechendes nicht sagen lasse, denn meine Sicht der Dinge ist für den/die andere(n) verbindlich.

1. Fazit (für den/die Aggressor/in): Ich habe Ansprüche, außerdem ist es absolut wichtig, was ich sage. Mein(e) Kontrahent(in) hat Verpflichtungen mir gegenüber, aber keine Rechte. Außerdem sind seine/ihre Ansichten alles andere als bedeutungsvoll.

2. Fazit (für Sie): Wenn man den »Frontverlauf« genauer kennt, kann man auch besser reagieren.

Versteckte Bewertungen

Ich will nicht umständlich erläutern, was ich mit diesem Ausdruck meine. Stattdessen gleich ein Beispiel: Ein Professor, bei dem ich vor längerer Zeit studierte, war für seine überaus starke Ordentlichkeit bekannt. Er konnte mit dieser Eigenschaft seine diversen Sekretärinnen in den Wahnsinn treiben, denn wenn er in einem Brief einen Tippfehler oder – schlimmer noch – einen orthografischen Lapsus entdeckte, musste das ganze Opus noch einmal geschrieben werden. Wohlgemerkt: Computer waren in den 60-er und 70-er Jahren noch nicht so verbreitet wie heute.

Besagte »Pingeligkeit« hätte man aber auch sehr positiv sehen können, nämlich als Ausdruck tiefen Respektes, den er für die jeweiligen Adressaten seiner Briefe empfand, für die nur das Beste gerade gut genug war. Manche Schreiben aber ließ er nun doch mit Korrekturen durchgehen. Er verbesserte handschriftlich selbst in den Text hinein, und so ging die Sache dann in die Post. Der Grund für diese scheinbare Inkonsequenz: Die betreffenden Adressaten schätzte er nun überhaupt nicht, und es war seine Art, ihnen gegenüber eine subtile Missachtung auszudrücken, auf die man ihn gleichwohl nicht festlegen konnte. Als eine seiner Sekretärinnen einmal ihren ganzen Mut zusammennahm und ihn fragte, weshalb er denn in einem bestimmten Fall eine solche »Großzügigkeit« walten lasse, antwortete er: »Bei dem XY kommt es nicht so drauf an.« Für unseren Zusammenhang ist wichtig: Den Adressaten seiner mangelnden Wertschätzung gegenüber tat er nichts. Eine manifeste Beleidigung fiel jedenfalls nicht. Er unterließ nur etwas, nämlich die sonst bei ihm übliche Order, den Brief noch einmal zu schreiben. Diese Art, Leute merken zu lassen, dass man sie nicht sonderlich schätzt, dass es auf sie nicht so ankommt, können wir auch »respektlose Nachlässigkeit« nennen. Diese hat viele Gesichter. So viele, dass gewiss nicht alle zwischen die beiden Deckel dieses Buches passen. Ich hoffe, ich erwische die wichtigsten, um sie Ihnen vorzustellen.

1. »Wie war doch gleich sein Name?«

»Das halten Sie nicht aus«, sagte der Kollege aus Süddeutschland. Seine Stimme wurde sehr leise. Er hatte mir soeben davon erzählt, dass ihn ein renommierter Professor (schon wieder!) bei diversen Zusammenkünften auf eine Weise despektierlich behandelte, gegen die er sich nicht zu wehren wusste:

»Herr … (es folgte eine ellenlange Pause) … Müller.«[14]

So die Anrede des Professors, als falle ihm der Name meines Kollegen, den er im Übrigen von zahlreichen Fachkonferenzen gut kannte, nicht gleich ein. So geschah es nicht einmal – für ein Black-out hätte man ja noch Verständnis gehabt –, sondern mehrfach im Verlauf einer Sitzung und dann wieder bei jedem Treffen.

Dass ein Name einem nicht gleich einfällt, das kann ganz unterschiedliche Gründe haben, das kann Verschiedenes bedeuten, und es muss auch nicht immer etwas zu bedeuten haben. Wenn es öfter passiert, dann liegt die Vermutung nahe, es stecke Absicht dahinter, die vermeintliche Gedächtnisschwäche sei inszeniert: Der Name des Gegenübers (und damit auch gleich seine gesamte Person) ist ganz einfach nicht so wichtig, dass man ihn immer parat haben muss. Mit Verballhornungen eines Namens ist es übrigens nicht anders.[15] Wer … als … ausspricht, der mag Unkonzentriertheit oder ein schlechtes Namensgedächtnis als Entschuldigung für sich geltend machen. Er oder sie (bei Frauen ist das eher seltener zu beobachten) muss sich allerdings folgende Unterstellung gefallen lassen: Bei fremden Namen zu schludern bedeutet: Bei dieser Person kommt es auf Korrektheit nicht so an, weil die ganze Person nicht so wichtig ist. Sich jemandes Namen so zu merken, dass man ihn nicht wieder vergisst, ist (gerade auch bei lautlich komplizierten Namen) ein Zeichen von Respekt. Die offen erklärte Unbereitschaft, dies zu tun, ist das Gegenteil davon.

Als Thomas Manns »Felix Krull« als TV-Dreiteiler herauskam, sagte Golo Mann, nach seinem Urteil über den englischen Hauptdarsteller befragt: »Ein junger Mann, dessen Namen ich mir wohl nicht merken werde.«

Noch einmal zurück zu dem Kollegen aus Süddeutschland. Das Hinterhältige an dieser Methode ist dies: Es findet eine massive Abwertung einer Person statt, ohne dass ein böses Wort fällt. Es ist eine Beleidigung, für die einem sehr wahrscheinlich kein Gericht in Deutschland eine Genugtuung verschaffen würde. Weil sie als Beleidigung ja gar nicht richtig greifbar wird. Ganz genauso ist es bei jeder Art von reduziertem Grußverhalten (flüchtiges Kopfnicken, derweilen einen der andere mit vollem Namen grüßt) wertet den anderen ab. Das heißt: Der Aufwand, den beide Seiten beim Grüßen treiben, müsste sich eigentlich in etwa entsprechen, tut es aber in dem betreffenden Fall nicht.

»Das halten Sie nicht aus«, hatte mein Kollege gesagt. Ich musste solches glücklicherweise bis jetzt nie aushalten. Und wenn doch? Ob ich so geistesgegenwärtig gewesen wäre, weiß ich nicht, aber vielleicht hätte ich so reagiert:

»Wenn ich Ihnen einhelfen darf, mein Name ist ...«

Eine weitere Möglichkeit zu reagieren ist diese: Sie nennen einfach einen x-beliebigen Namen, nur eben nicht den Ihren. Falls die Gegenseite sich irritiert zeigt (das war in diesem Fall ja auch Ihr Ziel), könnten sie hinzufügen:

»Ihnen kommt's doch eh nicht darauf an, wie ich heiße.«

Vorsicht! Sagen Sie das nicht in gekränktem Tonfall! Dann wäre der Schuss nach hinten losgegangen. Und die Beleidigung hätte ihr Ziel tatsächlich erreicht. Ihre Reaktion sollte schon nach freundlicher Überlegenheit klingen. Und auch hier gilt die Devise: »Der Ton macht die Musik«.

2. »Haben Sie schon einmal darüber nachgedacht ...?«

Leute, die einem etwas verkaufen wollen, sei es per Telefon, per TV-Werbespot oder per Zeitungsanzeige, stellen diese Art von Frage gern. Was sage ich denn, wenn ich »darüber« (was auch immer das ist) noch nicht nachgedacht habe? Habe ich nämlich in den meisten einschlägigen Fällen nicht. Muss ich mich dann sehen als jemanden, der völlig gedankenlos durch sein eigenes Leben stolpert? Und der wie ein Schuljunge von der Hinterbank die Antworten auf die einfachsten Fragen nicht weiß? Derjenige, der mir die Frage aus der Überschrift stellt, der hat natürlich über das nachgedacht, was ich verabsäumt habe. Wahrscheinlich schaut er jetzt auf mich herab. Von der Höhe seiner vermeintlichen Überlegenheit. Er oben, ich unten. Und ich komme mir so richtig klein und mies vor – es sei denn, ich tue, was er will: »nachdenken über XYZ«. Und wenn ich meine Schularbeiten dann erledigt habe, dann kaufe ich ihm wahrscheinlich sein Produkt ab oder mache, was auch immer er im Sinn hatte. Denn deshalb hat er mir (und unzähligen anderen) diese Frage ja auch gestellt.

Oder – und jetzt spulen wir den Film noch einmal zurück – ich lasse ihn mit seiner oberlehrerhaften Attitüde weiterhin auf mich heruntergucken. Jetzt aber mit einer gewissen Entschlossenheit: Soll er doch auf mich runtersehen. Erste Gegenfrage (nicht an ihn, sondern an mich selbst): Ist seine Meinung über mich wichtig? Zweite Gegenfrage: Interessiert mich das überhaupt, worüber ich hätte nachdenken sollen? In beiden Fällen senkt sich der Daumen.

3. »Kennen Sie den: …?«

Viele Witze – zumindest aber gilt das für die etwas anspruchsvolleren – haben so etwas wie eine »Leerstelle«, die Sie als Zuhörer(in) selber füllen müssen. Dann erst haben Sie den Witz »verstanden«. Ich will den sattsam bekannten Witz von den drei Frauen und dem nur mit einer Zeitung bekleideten Mann (mit der er seinen Kopf bedeckt) nicht noch einmal erzählen, Sie kennen ihn sicherlich und wissen, dass Sie einen Gedanken des Witzeerzählers zu Ende denken müssen, um überhaupt lachen zu können.[16] Ein Witz, der einem erklärt wird, ist nicht mehr komisch, ebenso wenig wie einer, der einem zum zweiten Mal erzählt wird. Diese »Leerstelle« brauchen wir auch für das Thema der indirekten Abwertungen. Aber lassen wir zunächst einige Beispiele sprechen. Sie stammen alle aus dem Film »Problemzone Mann« (SAT1, 26. März 2002):

- »Guck' die Yvonne an, die ist immer fröhlich.«
- »*Ich* lass mich nicht gehen.« (Sagt die Mutter zu Cleo.)
- »Dem Köter sieht man's wenigstens nicht an.«

(Die Hauptfigur Cleo, deren Figur so ziemlich allen Stürmen Trotz bietet, führt ihren Hund aus, der soeben das heruntergefallene Eis einer älteren Dame aufgeschleckt hat. Vic, ihr Kontrahent und im späteren Verlauf ihr Kurzzeit-Liebhaber, kommt darüber auf seinem Fahrrad zu Fall, und es entspinnt sich ein kontroverser Dialog, in dem der dritte der drei Sätze fällt.)

- »Für gewöhnlich bestimmen wir am Anfang die Problemzonen, was wir uns in diesem Fall wahrscheinlich besser sparen können.« (Sagt Vic mit indirektem Bezug auf Cleo.)

In diesem letzteren Fall ist es die Indirektheit, die sehr häufig viel mehr verletzt als das offene Wort, weil man den Gedanken des »Aggressors« beinahe gezwungenermaßen selbst zu Ende denkt und damit dessen Angriff gegen sich selber wendet. Dasselbe ganz zugespitzt: Man denkt in solchen Situationen im Auftrag des eigenen Aggressors.

4. »War gar nicht schlecht für deine Verhältnisse!«

Es gibt Leute, die geben einem etwas und nehmen es gleich wieder weg. Es sind diejenigen, die jede Nettigkeit, jedes Kompliment gleich wieder entwerten. Es ist gewissermaßen die Praline mit Senffüllung.

Können sie es nicht besser, oder wollen sie es genauso? Wir werden das nicht genauer untersuchen, denn bei den einen ist es so, bei anderen wieder anders, und manche wiederum könnten diese Frage selber nicht so genau beantworten. Die Varianten der Überschrift sind Ihnen sicher auch bekannt:

- »Alle Achtung, hätte ich gar nicht gedacht von dir.«
  Oder:
- »Dass du das noch mal schaffen würdest.«
  Oder:
- »Ich hatte schon alle Hoffnungen aufgegeben.«

Wahrscheinlich sollen Sie sich auch noch freuen ...[17] Dass »meine Verhältnisse« unter allen Standards liegen, ist damit selbstverständlich mitgemeint.

Bis jetzt ist das Wort »Beleidigung« noch gar nicht gefallen – jetzt ist die Gelegenheit dazu da. Wenn jemand den Satz der Überschrift Ihnen vor die Füße wirft, sind Sie möglicherweise oder wahrscheinlich beleidigt. Mir wäre es auch so gegangen, hätte ich nicht irgendwann und irgendwo[18] einen Satz gelesen, der so lautete:

»Kein Mensch kann mich je demütigen oder verletzen. Ich gestatte es ihm nicht.«

Das war schön gesagt, aber gar nicht so leicht in die Praxis alltäglichen Verhaltens umzusetzen, denn was bedeutet in diesem Fall »erlauben«?

Um es kurz zu sagen:

Eine Beleidigung ist das, was man selber daraus macht.[19]

Eine Beleidigung muss ich annehmen, mir zu eigen machen, damit ich mich auch wirklich beleidigt, d.h. verletzt fühle. Vielleicht finden Sie das reichlich akademisch, aber vielleicht akzeptieren Sie diese Überlegung leichter, wenn wir einen kurzen Ausflug in den Bereich interkultureller Kommunikation unternehmen. Es gibt Beleidigungen, bei denen Angehörige bestimmter Kulturen sofort das Messer ziehen, nämlich wenn man ihre Mutter beleidigt – Sie wissen schon, wie … Bei Mitteleuropäern oder Angloamerikanern würde diese Art von Beleidigung (die eine sein soll) vielleicht Befremden auslösen, vielleicht aber auch als Skurrilität wahrgenommen werden. Weil derjenige, der da beleidigt werden soll, diese »Beleidigung« gar nicht annimmt, sie sich nicht zu eigen macht. Klar?[20]

Denken Sie vielleicht auch an das Prinzip der Briefzustellung: »Annahme verweigert«. Eine jedermann überzeugende Begründung müssen Sie dabei nicht angeben, wenn Sie den Brief nicht haben wollen.

Eine Beleidigung »funktioniert« darüber hinaus in vielen Fällen auch erst dann, wenn eine innere Stimme mir zuflüstert: »Er/sie hat Recht.« Ich muss schon ziemlich aktiv daran mitwirken, dass das Geschoss sein

Ziel trifft. Es ist so ähnlich wie bei dem Witz, den ich selber zu Ende denken muss, damit er als Witz seine Wirkung hat. Und wer zwingt mich zu dieser Mitwirkung bei einer Beleidigung? Niemand, es sei denn, ich mich selber. Kooperation ist etwas Schönes, aber man kann auch alles übertreiben …

Initiative	**Ihre Reaktion**
»Gar nicht schlecht für deine Verhältnisse!«	»Erzähl' mir doch mal 'was über meine Verhältnisse.«
»Das hätte ich gar nicht von dir erwartet.«	»Was hast du denn überhaupt so von mir erwartet?«

Bei der zweiten dieser Initiativen sollten Sie mit der von mir vorgeschlagenen Reaktion eine gewisse Vorsicht walten lassen. Dann nämlich, wenn auf der anderen Seite ein ehrlich gemeintes, aber vielleicht etwas ungeschickt geäußertes Erstaunen am Werk ist und keine Herablassung, die Sie verletzen soll. Den Unterschied merkt man meist nur an der Intonation. Aber, wie wir alle wissen: Der Ton macht die Musik.

Und nicht nur der Ton. Meistens kennen Sie ja die Person, die sich so oder so über Sie äußert. Und dann wissen Sie auch, was von diesem Menschen zu erwarten ist und wie seine Äußerungen aufzufassen sind.

5. »Und du glaubst das.«

»Der Ton macht die Musik« – so sagt es das Sprichwort, und es hat damit so Recht, wie man nur Recht haben kann. Es ist eben nicht nur der freundliche oder unfreundliche Ton, der »die Musik« macht, sondern sehr konkret (und messbar) auch die *Betonung*. Es ist ganz erstaunlich zu sehen, wie viele Sätze mit unterschiedlicher Betonung auch ihre Bedeutung ändern oder wenigstens modifizieren können. Den Satz der Überschrift können wir in zweifacher Weise betonen, nämlich so:

- »Und **du glaubst** das!« (fallender Ton; das *du* ist sehr stark betont). Oder so:
- »Und du **glaubst** das?« (schwebender Ton; das *du* ist unbetont).

Im ersten Fall ist das eine vernichtende Feststellung: Der/die so Angeredete ist von einer Leichtgläubigkeit, mit der er/sie sich nur noch lächerlich macht. Im zweiten Fall sind wir dagegen mit einer skeptischen Frage konfrontiert, die aber noch allen Optionen Tür und Tor offen lässt. Das Urteil ist noch nicht gesprochen. Es wird auch gar nicht gesagt oder angedeutet, wie das Urteil lauten könnte, im ersten Fall jedoch ist das Image bereits vernichtet. Und ganz wichtig: Ein böses Wort im strengen Sinn fällt überhaupt nicht. Die Vernichtung liegt einzig in der Tonlage. Aber auch Tonlagen können eine Reaktion erforderlich machen:

Initiative	Ihre Reaktion
»Und du glaubst das!« (fallender Ton)	»Stell' dir vor, ich bin so einfältig.« »Vielleicht erklärst du mir mal, weshalb ich das nicht glauben soll.«

Die erste der beiden Reaktionen verfährt nach dem Muster: »noch einen draufsetzen«. Es sollte mich sehr wundern, wenn Sie Ihre(n) Aggressor(in) damit nicht mundtot gemacht haben sollten. Die zweite fordert eine Begründungspflicht von der anderen Seite ein. Denn die Tonlage allein ersetzt noch keine Argumentation. Da muss schon etwas mehr auf den Tisch.

6. »Nicht mal richtig gegrüßt hat er!«

Vergleichen Sie bitte einmal die beiden folgenden Situationen:

1. Mein Großvater verließ das Haus nie ohne Hut. Wenn er jemandem begegnete, den er kannte, nahm er ihn kurz ab, und wenn dieser Jemand ein Mann war, erwartete er das Gleiche von ihm. In seiner Erwartung wurde er normalerweise nicht enttäuscht.
2. Wenn irgendwelche politischen »Großkopfeten« irgendwann sich zu einer Gesprächsrunde begeben und das Fernsehen dabei ist, dann kann man beobachten, dass sie einige der Teilnehmer zwar mit Handschlag begrüßen, diese dabei aber gar nicht ansehen, obwohl sie angeschaut werden. Mich hat das zwar immer leicht befremdet, aber ein solches Verhalten scheint »normal« zu sein.

Der Vergleich beider Situationen macht uns klar, dass wir den Kontakt mit anderen Menschen immer in irgendeiner Weise gestalten und dass wir bei dieser Gestaltung einen gewissen Aufwand treiben. Für Liebhaber/innen komplizierter Ausdrücke: Ich könnte von *kommunikativem Gestaltungsaufwand* sprechen. Dieser Aufwand kann sehr unterschiedlich ausfallen, und es kann dabei zu Asymmetrien kommen. Das zweite Beispiel zeigt das sehr deutlich. Solche Asymmetrien kommen etwa auch vor,

- wenn ich im Vorbeigehen jemanden mit seinem vollen Namen begrüße, aber als Reaktion nur: »Tach!« bekomme;
- wenn ich jemandem etwas erzähle, mein Gegenüber aber aus dem Fenster schaut;
- wenn ich eine Bitte an jemanden habe und diese mir verweigert wird (soweit ist das o.k.!), aber ohne jeden Ausdruck des Bedauerns.

Weitere Beispiele werden Sie sich selbst ausdenken können. Es geht darum, dass wir in Kontaktsituationen sehr oft die Wahl haben: Wir bringen Respekt zum Ausdruck, oder wir tun es nicht, oder wir tun es, aber nicht in dem Maße, das erwartet wird: Im zweiten Beispiel hätte das politische »Großtier« eine ausgestreckte Hand ja auch übersehen können. Höflichkeit treibt also immer ein gewisses (eher hohes) Maß an Aufwand, und Unhöflichkeit geht meist mit mangelnder Wertschätzung oder gar Abwertung einher. Auch hier fällt kein grobes oder böses Wort. Die Abwertung besteht darin, dass etwas unterlassen wird, das man normalerweise erwarten darf. Denken Sie an den Professor, der manche Leute nach dem Prinzip behandelte: »Auf den kommt es nicht so an.«

7. »Genau wie deine Mutter/dein Vater!«

In dem TV-Film »Eine Insel zum Träumen – Koh Samui« (ARD 30.11.2001) hat es neben diversen anderen Personen auch ein nicht mehr ganz taufrisches Ehepaar auf besagte Insel verschlagen. Natürlich beobachtet man, gerade im Urlaub, seine Umgebung sehr intensiv, und so sagt der Mann zu seiner Frau: »Der Kerl hat was.« Sie darauf: »Das hattest du früher auch.« Er schluckt etwas, der Hieb hat offensichtlich gesessen. Wiederum hat sie ja gar nichts direkt gesagt, was ihn empören könnte. Aber ihre Unzufriedenheit mit – neudeutsch ausgedrückt – seiner augenblicklichen *performance* wird durch den Vergleich mit einer vermeintlich besseren Vergangenheit auch ohne eingehende Interpretation deutlich. Es ist völlig uninteressant, ob sie ihm unrecht tut oder nicht, vielleicht hat er ja wirklich nichts Besseres verdient, aber um eine Abwertung handelt es sich hier wie in sehr vielen Vergleichen, die wir in der Alltagskommunikation verwenden.

Das Beispiel aus dem Film ebenso wie die Überschrift sind eigentlich die Standardvarianten: Entweder wird ein schlechtes Heute mit einem besseren Früher verglichen, oder es wird eine Negativfigur (*dein Vater/ deine Mutter* …) zum Vergleich herangezogen. Wenn Sie in der Weise verglichen werden wie oben beschrieben, also mit Mutter, Vater oder einer vermeintlich besseren Vergangenheit, können Sie sich überlegen, ob Sie die Achseln zucken und zu sich selber sagen: »Was soll's.«

Oder Sie reagieren so:

Initiative	**Ihre Reaktion**
»Das hattest du früher auch. / So warst du früher auch.« (oder sonst ein Vergleich mit einer besseren Vergangenheit)	»Auch an dir ist das Alter nicht ganz ohne Spuren vorübergegangen.«
»Genau wie dein/e Vater/Mutter!«	»Mein/e Vater/Mutter ist/war ein wunderbarer Mensch.«

8. »Nur Flaschen essen mittags.«

So oder so ähnlich sagt es Michael Douglas in der Rolle des Gecko in dem Film »Wall Street« (Regie: Oliver Stone). Es gibt noch mehr Sprüche aus der beinharten US-amerikanischen Businesswelt, und da wir nicht erst seit gestern einen ziemlich massiven »Kulturexport« über den Atlantik, und zwar in östlicher Richtung, beobachten können, wollen wir der in ihnen enthaltenen Abwertung einige Überlegungen widmen. Es gibt noch mehr von der Sorte, die der gleichen selbstzerstörerisch anmutenden Mentalität entspringen:

- »Mittagsschlaf ist nur etwas für Verlierer oder Versager«, und:
- »Ausruhen kannst du, wenn du tot bist.«

Auch hier ist wie gesagt eine Abwertung enthalten, aber die ist noch viel indirekter als diejenigen in den beiden Kapiteln zuvor, wo die Person, um die es ging, ja genannt wurde (*dein/e* Vater/Mutter; hattest *du* früher auch). Denn eigentlich ist in dieser Abwertung eine Drohung verpackt: »Sollte es dich nach einem Mittagessen verlangen, dann wärest du auch eine Flasche, ein Waschlappen oder sonst eine Kategorie von Zeitgenossen, die man nicht ernst nimmt«. Drohungen haben die Funktion, das Verhalten des Gegenübers unter Kontrolle zu halten. In diesem Fall gelingt das solange, wie solche Urteile dem so Angeredeten wirklich wichtig sind. Sollte der oder die allerdings der Meinung sein, dass eine Pizza oder Pasta der Fitness für die zweite Tageshälfte in ganz anderer Weise förderlich ist als ein stundenlang knurrender Magen, dann ist die Abwertung (*Mittagessen*, *Flaschen*, *Versager*) ziemlich null und nichtig. Man könnte es ja einmal so versuchen, falls der/die andere nicht gerade Vorgesetzte(r) ist:

Initiative	**Ihre Reaktion**
»Nur Flaschen essen mittags.«	»Mein knurrender Magen würde dich/Sie wahrscheinlich auf die Dauer nervös machen.«

Was im Übrigen den Mittagsschlaf angeht, so kann ich für meine Person nur sagen: her damit! Es ist ein Genuss ohne Reue, den ich mir ohne schlechtes Gewissen nehme, und ohne mich dafür zu rechtfertigen. Natürlich nur, wenn's gerade passt. Falls Sie meine abartigen Bedürfnisse teilen, dann können Sie in der entsprechenden Situation so reagieren:

Initiative	**Ihre Reaktion**
»Mittagsschlaf ist doch nur 'was für Verlierer.«	»Freu' dich, dass du nicht zu der Sorte gehörst – ganz im Gegensatz zu mir.«

Wenn Sie allerdings auf jemanden reagieren müssen, der Ihnen beruflich übergeordnet ist, dann beschränken Sie sich vielleicht besser auf ein frommes Nicken. Keine unnötigen Provokationen! Solche Schüsse können nach hinten losgehen. Und sollten Sie an dem Sinn dieser Reaktion zweifeln: Eine wohldosierte Faulheit ist augenblicklich als Therapeutikum gegen chronischen Stress schwer im Trend. In Ihrer Buchhandlung finden Sie bestimmt gleich mehrere Bücher, in denen das Lob des Abhängens (nicht nur im Urlaub!) gesungen wird. In Maßen genossene Faulheit erhöht die Lebenserwartung. Falls Sie nicht die Devise bevorzugen: »Kurz, aber heftig!«

9. Exklusivität heißt »Ausgrenzung«.

»Bestellen Sie Ihr *persönliches* Exemplar noch heute bei … !« Wie oft habe ich diese Aufforderung mit dem *persönlichen Exemplar* schon gelesen. Ich habe es längst aufgegeben zu zählen. Und trotzdem beschäftigt mich die Frage, was an den allerbanalsten Dingen, und sei es nur eine x-beliebige Werbebroschüre, was also daran so *persönlich* sein soll. Warum steht da nicht einfach: »Bestellen Sie Ihr Exemplar«, also ohne *persönlich*? An dem Wort *persönlich* muss wohl irgendwas ganz Besonderes sein. Ein Ding mit dem Etikett *persönlich*, so meine Vermutung, ist wohl etwas, das mir und nur mir gehört. Was bei einer hunderttausendfach gedruckten Werbebroschüre allerdings etwas vollmundig klingt. Bei so einer Banalität reduziert sich die Bedeutung des Wortes *persönlich* eben darauf, dass das 551.673-ste Exemplar eben in meinem und nicht in Ihrem Briefkasten gelandet ist. Von seinen Vorgängern und Nachfolgern unterscheidet es sich jedoch nicht. *Persönlich* meint aber eigentlich *Unterscheidung*. Dass ich etwas habe, was niemand sonst hat. Für viele macht das den Besitz einer Sache erst so richtig spannend, dass niemand sonst sie hat. Dass andere davon ausgeschlossen sind. Wir nähern uns jetzt dem ersten Wort der Überschrift: *Exklusivität*. Das kommt von dem lateinischen Verb *excludere*, und das bedeutet so viel wie *ausschließen*. Ich habe eine Sache, und du bist davon ausgeschlossen, du hast sie nicht.

Das macht für mich überhaupt erst ihren Charme aus, denn das wertet mich auf und dich ab. Und das ist der Gedanke, der dem Wort *Exklusivität* zu Grunde liegt und zu seinem inflationären Gebrauch geführt hat. Inflationär heißt: Jeder kann die nun gar nicht mehr so exklusive Sache haben, wenn er will.

Was hat diese kurze sprachkritische Überlegung mit unserem Thema zu tun? Ich habe es schon angedeutet. *Besitz wertet einen auf*, zumindest ist das ein weit verbreitetes Gefühl, und *ausschließlicher* Besitz wertet den/die Besitzer(in) noch mehr auf. Am stärksten ist dieser Aufwertungseffekt jedoch, wenn der Besitzlose präsent ist und man ihm sagt oder auch nur andeutet: »Das, was ich habe, das hast du nicht.« Wenn ein Mercedes SLK oder ein Maybach jedoch so verbreitet wären wie ein simples Fahrrad, was dann?

Schwachstellen

»Niemand ist vollkommen.« So heißt es am Ende von Billy Wilders furioser Komödie »Manche mögen's heiß«. Wie wahr! Wer wäre nicht irgendwo angreifbar und somit ein Opfer für Abwertungen, und sei es auch nur, weil er/sie gerade mal einen schlechten Tag hat. Fast alles kann man, wenn man will, an anderen Menschen angreifen: ihr Aussehen, ihren Geschmack, ihre Art, sich auszudrücken, ihre Gefühle, ihre Moral, ihre Vorstellungswelt und noch sehr viel mehr. Wer schwache Stellen bei anderen sucht, der wird sie finden, jeder hat seine Achillesferse. Man könnte die kleinen Schwächen unserer Mitmenschen im Geiste ja auch »durchwinken«, aber der Abwerter wird den Teufel tun. Denn sein Ziel ist:

Punkte sammeln auf anderer Leute Kosten.

Und da kann er auf keinen Punkt verzichten. Wer das weiß, trifft natürlich seine Vorkehrungen. Wer einen Vortrag halten will oder muss, schaut vorher in den Spiegel und kontrolliert seine Fassade, um sich jedenfalls in diesem Punkt unangreifbar zu machen. Eine Strähne im Haar, die sich hartnäckig dem Kamm verweigert und nun keck anzeigt, wo oben ist, kann die Spottlust der Zuhörerschaft auf sich ziehen, auch wenn der Vortrag noch so substanz- und geistreich ist.

Das mit den Vorkehrungen klappt aber aus den verschiedensten Gründen nicht immer. Wer uns übel will, der war schneller, und wir müssen nun reagieren. Worauf und wie – das kommt jetzt.

Zuvor aber noch dies: Manche Schwachstellen sind nur in den Augen unseres abwertenden Aggressors welche. Wir selber bekennen uns fröhlich oder zumindest erhobenen Hauptes dazu und wollen uns selber auch gar nicht anders haben.

1. »Ich verstehe Ihren Dialekt nicht.«

Vor ziemlich langer Zeit hatte ich einmal in Zürich einen kurzen Wortwechsel mit einer Amerikanerin, die ich nicht weiter kannte. Es muss um irgendeine unbedeutende Kleinigkeit gegangen sein, ich habe völlig vergessen, was es war. Was ich aber bis heute nicht vergessen habe, war, dass sie plötzlich zu mir sagte: »Ich verstehe Ihren Dialekt nicht.« Ich wollte, ich könnte einen der deutschen Dialekte! Ich spreche nur Standarddeutsch. Und auf eine Erwiderung verzichtete ich, weil ich diese Bemerkung zu absurd fand, um darauf einzugehen.

Man muss nicht um jeden Preis jedes Mal etwas erwidern.

Wenn man in diesem Punkt mit sich im Reinen ist, dann hat man auch nicht das Gefühl, man sei die Antwort schuldig geblieben. Die andere Seite hat keine verdient. Dennoch: Bei der gar nicht einmal unsympathischen Dame steckte eine Absicht dahinter, mir einen zu »verplätten«, nämlich ungefähr Folgendes: »Sie sind ja nicht einmal in der Lage, sich klar und verständlich auszudrücken.« Ich hätte diese an und für sich ziemlich unbedeutende Erinnerung für mich behalten, würde diese nicht eines sehr deutlich zeigen: Wir greifen einander sehr gerne an über unsere Art zu kommunizieren, besonders unsere Art zu sprechen, und das meint die Klangfarbe, den Wortgebrauch, aber auch die Grammatik. Bei vielen trifft man hier auch einen sehr empfindlichen Nerv, denn der Kommunikationsstil einer Person ist meistens ziemlich eng mit ihrer Identität verbunden. Auch Menschen, die sonst eine ziemlich distanzierte Einstellung zu ihrer eigenen Person haben, können da sehr sensibel reagieren. Wer also andere gerne abwertet und dabei ihre Art zu sprechen aufs Korn nimmt, der sollte wissen: Die Rache kann (muss aber nicht) fürchterlich sein.

Fußnote: Meine Rache war nicht fürchterlich, ich habe sie mir, wie gesagt, verkniffen, und hatte auch keine besonderen Probleme damit.

2. »Fremdwörter sind Glückssache.«

So sagte mein Lateinlehrer und grinste dabei so schadenfroh, wie es sich heute ein öffentlich bestallter Erzieher kaum mehr trauen würde. Unsereiner hatte verbal mal wieder voll daneben gelangt. Meistens war es eine falsche Betonung … – Bis ich begriff, wohin der Akzent bei *Aristoteles* gehört (fünf Möglichkeiten gibt es), das dauerte seine Zeit.

Die Schadenfreude hat sich heute von den Latein- und Griechischlehrern wegverlagert, und vielleicht greift auch bei den antiken Geistesgrößen und der Aussprache ihrer Namen eine gewisse Großzügigkeit Platz. Was aber nicht heißt, dass keine Bananenschalen mehr herumliegen und dass sich niemand mehr eins feixt, wenn wir darauf ausrutschen. Ich bin übrigens selber nicht immer so ganz standfest und musste mich letztens von einem Dermatologen korrigieren lassen, als ich … – aber das Beispiel wird Sie nicht weiter interessieren. (Er feixte nicht, wie ich der Ordnung halber hinzufügen möchte.)

Ich könnte jetzt also sagen: »Machen Sie sich nichts draus« – wenn's denn immer so einfach wäre!

Die nicht ganz korrekte Aussprache von Fremdwörtern und Eigennamen hat mit Inkompetenz nicht viel zu tun, denn sie ist leicht korrigierbar. Sie wird aber vielfach als Inkompetenz wahrgenommen, ganz besonders von Menschen, die Ihnen nicht unbedingt wohl wollen.[21]

Auf dem Konsumsektor (Kleidung, Unterhaltungselektronik, Kosmetik ...) immer auf dem Laufenden zu sein, das erfordert schon einen ausgesprochen konzentrierten Einsatz, zu dem ich selber keineswegs immer bereit bin. Mangel an Zeit und Lust ist der Hauptgrund. Leute, die sich gerne für kompetenter halten als andere, haben bei mir gute Chancen, ihre Trümpfe auszuspielen. Ich finde nicht, dass man in jedem Fall reagieren muss, wenn jemand genüsslich die nicht ganz korrekte Aussprache eines Fremdwortes bei anderen korrigiert, aber wenn Sie keine Antwort schuldig bleiben wollen, sagen Sie einfach das Folgende:

Initiative	**Ihre Reaktion**
(siehe oben)	»Keiner kann alles wissen.«

3. »Du hörst immer noch ABBA!«

In den westlichen Industrienationen, der »Ersten« Welt also, wo für die überwiegende Mehrheit der Bevölkerung die fundamentalen Existenzprobleme gelöst sind (Nahrung, Wohnung, Kleidung), treten Probleme auf, die man in der Dritten Welt nicht kennt. Das Problem z.B., dass jemand mit der fortschreitenden Ästhetisierung des Alltagslebens nicht Schritt halten kann oder den raschen Wandel in Geschmacksfragen nicht mitbekommen hat. Jemand, der immer noch Chablis oder Pinot Grigio trinkt, obwohl doch jede(r) Sechsjährige weiß, dass man sich damit disqualifiziert: Das führt sogleich zum Abstieg aus der eigenen Liga.

Ein drastisches Beispiel für eine solche »Exkommunikation« findet sich in dem australischen Film »Muriels Hochzeit«, in dem die Hauptdarstellerin (Tony Colette) sich händeringend um die Integration in ihre Gleichaltrigengruppe bemüht, und doch über einen randständigen Status nicht hinauskommt. Bis sie eines Tages ganz aus der Gruppe verstoßen wird. Sie genügt den ästhetischen Ansprüchen der Übrigen ganz einfach nicht. O-Ton: »Du hörst immer noch ABBA!«

Falsch liegen kann man überall da, wo es um Geschmacksfragen geht. Ich verweise Sie nur auf die jeweils gerade aktuellen Listen der Ins & Outs. ABBA höre ich übrigens selber gern (besonders »The Dancing Queen«) und habe nicht die geringste Neigung, mich dafür zu rechtfertigen. Pinot Grigio trinke ich so gut wie nie, einfach weil ich andere Weißwein-Trauben lieber mag, gegen einen ordentlichen Chablis habe ich nichts einzuwenden, ob er nun out oder schon wieder in oder sonst was ist. Mein Geschmack und vielleicht auch der Ihrige ist möglicherweise eine Schwachstelle in den Augen anderer. Mehr als die Reaktion: »Ja, und?« fällt mir dazu nicht ein. Falls Ihnen die aber jetzt nicht reicht, hier einige Vorschläge:

Initiative	**Ihre Reaktion**
»Hörst du immer noch Simon & Garfunkel?«	»Über Geschmacksfragen haben schon die alten Römer ohne Erfolg gestritten.« Oder einfach: »Mit wachsender Begeisterung.«
»Was Outeres[22] als Pinot Grigio gibt's gar nicht!«	»Mir schmeckt er immer noch.«

4. »Ziemlich wirr, was du da redest.«

Die akute oder chronische Gemütsverfassung einer anderen Person ist eine äußerst beliebte Zielscheibe von Herabsetzung. Für die Überschrift hätten sich zahlreiche Alternativen angeboten, die Sie sicher alle kennen, also z. B.:

- »Du tickst doch nicht richtig!«
- »Hast du sie noch alle?!«
- »Geh' mal wieder zum Psycho-TÜV!«
- »Sprung in der Schüssel, oder was?«

Vollständigkeit wäre hier sinnlos. Außerdem geht es auch gar nicht um die Stimmigkeit der Diagnose, also dass es um die geistige Gesundheit des Partners/der Partnerin besorgniserregend bestellt sei.

Initiative	Ihre Reaktion
»Ziemlich wirr, was du da redest.«	»Was ich da rede, ist wahrscheinlich zu kompliziert für deine schlichte Gemütsart.«
»Reden Sie nicht so einen Müll!«	»Ich kann Ihnen auch Schrott anbieten.« Die »vornehmere« Variante wäre diese: »Seien Sie wenigstens originell, wenn Sie schon ausfällig werden.«
»Geh' mal wieder zum Psycho-TÜV!«	»Warteliste.«

Das sind zum Teil ziemlich deftige Reaktionen. Zu empfehlen auch nur bei »sozialer Waffengleichheit« und außerdem dann, wenn Sie sich über die andere Seite ziemlich geärgert haben. Bedenken werden Sie vielleicht bei der zweiten Reaktion haben. Vielleicht halten Sie sie für »dumm frech« oder »rotzfrech«. Nichts dagegen! Ich gebe jedoch zu bedenken: Es ist manchmal, wenn auch nicht immer, ganz angebracht, sich auf das Niveau der anderen Seite zu begeben. Und es ist, davon abgesehen, generell ganz sinnvoll, wenn man die gesamte Bandbreite der Reaktionen zur Verfügung hat, also vom Vornehmen bis zum Vulgären. Auf einen groben Klotz gehört nämlich meistens ein grober Keil, wie es die altväterliche Redensart will. Bei Grobheiten der anderen Seite ist sicherlich Schweigen auch oft eine Alternative. Ansonsten sollte man seinen eigenen Geisteszustand nicht ohne Not diskutieren lassen noch auch selbst ihn in Frage stellen. Deshalb sind die Reaktionen in diesem Fall wichtiger als die Analysen.

5. »Hast du denn überhaupt keine Gefühle?«

Ebenso wie der Geschmack, die Ausdrucksweise und die Intelligenz einer Person, so werden auch deren Gefühle oft abgewertet.[23] Eine der Standardäußerungen, falls Sie außer der Überschrift noch ein Beispiel möchten: »Hast du denn gar kein Herz für … ?!« (Ein Ausrufezeichen reicht hier natürlich nicht aus.)

Ich hoffe, Sie denken jetzt nicht, das sei hier die kommunikative Einbahnstraße, d.h. hier würden die Frauen gegen die Männer ausgespielt. Hier herrscht durchaus Gegenverkehr. Wenn Sie es mir nicht glauben, dann schalten Sie doch – es kostet Sie nur eine knappe Stunde Zeit am Vorabend – »Verbotene Liebe« oder »Marienhof« (ARD) ein und warten Sie, bis eine junge Frau ihrem Lover den Stuhl vor die Tür setzt. Und wie der sich dann über die Herzenskälte der Dame beklagt! Also: Männer und Frauen schenken einander in diesem Punkte nichts.

Interessant an dem Vorwurf mit den falschen oder gar nicht vorhandenen Gefühlen ist der strategische Aspekt: Man macht diesen Vorwurf, weil man etwas Bestimmtes erreichen möchte, was vielleicht so unmittelbar gar nicht gesagt wird. Eine Standardäußerung in Filmen oder Fernsehstücken, bei dem einem die Abwertung und deren strategische Funktion nun wirklich nicht gleich in die Augen springen, ist diese: »Ich war auch auf dieser Veranstaltung, aber Sie haben mich damals gar nicht beachtet.« Sagt eine Frau zu einem Mann – zugegeben: normalerweise ist es nicht umgekehrt! –, der eine irgendwie herausgehobene Position hat, vielleicht als Vortragsredner oder sonst etwas. Sie meint dabei: »Sie hätten mich beachten müssen«, würde das aber bestimmt nie laut so sagen. Nun ist er dran. Eine gewisse Sensibilität vorausgesetzt, spürt er, dass er etwas hätte tun sollen, aber nicht getan hat. Er hätte spüren müssen, dass sie da war, und dann seine Augen auf sie richten. Er hat die Gelegenheit verpasst, die sie damals beide zu einem Paar hätte machen können, weil, ja weil er emotional ein kleines bisschen unterentwickelt ist. Natürlich – und jetzt kommt das strategische Kalkül – hat er jetzt die Gelegenheit, die Scharte von damals auszuwetzen ... Abwertungen – das zeigt dieses zweite Beispiel – können sehr gut versteckt sein. Man kann sie auch überhören.

Die Reaktionen zu diesem brisanten Thema der gar nicht vorhandenen bzw. der Gefühle, die man nach Meinung der anderen Seite gar nicht haben sollte, wollen gut überlegt sein. Ich wiederhole hier meinen Hinweis, dass Ihre Reaktionen zur Situation und zu Ihrer Persönlichkeit passen sollten. Deshalb also mit der gebotenen Vorsicht die folgenden Vorschläge:

Initiative	**Ihre Reaktion**
»Hast du denn überhaupt kein Herz für ...?«	»Ich ordne meine Gefühle niemandem unter, auch nicht deinen Vorstellungen.«

Damit hätten Sie dann der anderen Seite die Bewertungshoheit aus der Hand geschlagen – vielleicht aber auch zumindest für einige Zeit das Tischtuch zerschnitten. Wenn Sie so reagieren, sollten Sie darauf gefasst sein, dass die andere Seite Sie so schnell nicht wiedersehen möchte.

Initiative	**Ihre Reaktion**
»Sie haben mich damals überhaupt nicht beachtet.«	»Hab' ich wohl wirklich nicht.«
	»Hätte ich das denn tun sollen?«

Mit der ersten Reaktion ziehen Sie eine Art Nebelwand hoch, Sie bleiben ganz unverbindlich und unangreifbar. Der nicht artikulierte Vorwurf, Sie hätten etwas tun müssen (haben dies aber nicht; die Einzelheiten siehe oben), prallt an Ihnen ab. Die zweite Reaktion bitte nur dann, wenn Ihr Interesse an der Dame gerade mal die Raumtemperatur erreicht und wenn Ihr Ehrgeiz, höflich zu sein, allenfalls mäßig ist. Diese Gegenfrage kann verletzend wirken, und sie ist es in den meisten Fällen wohl auch.

6. »Mit dir kann man überhaupt nicht diskutieren!«

Wie auch immer man es wendet: Wahrscheinlich ist an diesem Vorwurf und dieser Abwertung etwas dran.

Das überrascht Sie?

Aus der Perspektive der anderen Seite ist natürlich an dem Vorwurf etwas dran! Wer solches sagt, hat es vermutlich wirklich nicht geschafft, mich zu etwas zu überreden oder mich von seinem Standpunkt zu überzeugen. Egal, wie seine Ansichten sind.

Nehmen wir einen Extremfall: Ein Angehöriger einer Kultur, in der die Frauen bis auf einen Sehschlitz verschleiert umherlaufen müssen und auch sonst den Männern rechtlich in gar keiner Weise gleich gestellt sind, versucht, mich davon zu überzeugen, dass Gleiches auch für die Frauen unseres europäischen Kulturkreises das einzig Richtige sei. Eine solche »Diskussion« käme über ihr Anfangsstadium gar nicht hinaus, ich würde sie nach dem ersten Satz gleich wieder abbrechen. Ich muss ja wohl nicht sagen wieso.

In weniger extremen Fällen, in denen etwa jemand mich zu seiner parteipolitischen Vorliebe zu bekehren versucht und die Diskussion dann auch etwas länger dauert, kann die Reaktion der Gegenseite genauso ausfallen wie in der Überschrift. Da jeder, wie oben bereits mehrfach gesagt, die Freiheit hat, Menschen so zu etikettieren, wie er will, kann er mich auch als jemanden darstellen, der vernünftiger Argumentation

(»diskutieren«) in keiner Weise zugänglich ist. Und ganz wichtig: Er sagt nicht etwa: »Mit dir kann *ich* nicht diskutieren, sondern: »... kann *man* nicht diskutieren.« Damit kommt die soziale Isolation meiner Person ins Spiel: Ich stehe allein da, abgesondert von allen Menschen, die zu vernünftiger Rede in der Lage sind.

Wenn Sie kontern wollen, bieten sich folgende Möglichkeiten an:

Initiative	**Ihre Reaktion**
»Mit dir kann man überhaupt nicht diskutieren!«	»Du vielleicht nicht, aber andere haben's schon geschafft.« »Was du so Diskussion nennst ...«

Damit dieses Buch einen Schluss hat

Die engsten Bezugspersonen im Leben eines Menschen: Lebenspartner(in), Mutter, Vater, Bruder, Schwester, Schwiegermutter/-vater, Chef, Sohn, Tochter – ihrer aller Urteil ist für uns sehr wichtig, aber sie sprechen nicht im Namen der gesamten Menschheit, auch wenn sie sich (nicht nur) manchmal so aufführen. Sie alle sind Individuen mit ihrer jeweils individuellen Sichtweise, zu der sie im Übrigen ein Recht haben. Sie nehmen uns auf ihre Weise wahr. Selbst wenn eine dieser Personen ein abgrundtief vernichtendes Urteil über Sie spricht – die übrigen 4,6 Milliarden Menschen denken nicht alle genauso. Die meisten von denen haben eh ganz andere Sorgen, und der Rest hat unterschiedliche Ansichten.

Was daraus folgt? – Hier zwei Beispiele:

- Ein noch junger Wissenschaftler bewarb sich vor Jahren an einer Universität in Norddeutschland auf eine Professorenstelle. Er wurde bereits im Vorverfahren »aussortiert«. Dieses Resultat hat ihn offensichtlich nicht weiter demoralisiert, denn er hat sein Ziel an einer anderen Uni erreicht, wo er sich gegen eine Konkurrenz von 24 Bewerbern durchsetzte.

- Eine bekannte Fernsehmoderatorin hatte in jungen Jahren (männliche) Kollegen um sich, die sie spüren ließen, dass sie von ihrer Qualifikation nicht viel hielten. Sie haben sich geirrt.

Nun sind dies Beispiele, die ein Stück weg vom ganz gewöhnlichen Alltag liegen, aber eines zeigen sie doch: Auch wenn Ihre ganze Familie oder Ihre versammelte Kollegenschaft schlecht von Ihnen denkt – suchen Sie sich Menschen, die eine bessere Meinung von Ihnen haben. Solche Menschen gibt es!

Anmerkungen

1 »Das zentrale Thema bei der Analyse der sozialen Organisation sind der Begriff des Anrechts oder Anspruchs und die Schicksale der Versuche, Ansprüche zu verteidigen.« – Erving Goffman. Das Individuum im öffentlichen Austausch, S. 54.

2 Sofern nicht anders vermerkt, zitiere ich bei wörtlichen Redewiedergaben aus dem Gedächtnis.

3 Karl Valentin hatte auf die Kunst bezogen gesagt: »Kunst ist schön, macht aber auch viel Arbeit.«

4 Dass die Dinge sich nicht wesentlich geändert haben, belegt das folgende Zitat: »›Konsensrunden dienen dazu, den Gegner zu diskreditieren, weil er außerhalb des Konsenses steht‹, analysierte Klaus-Peter Schöppner, Geschäftsführer des Bielefelder Emnid-Institutes.« (FOCUS 19/2002, S. 66 f.)

5 Vgl. Werner Betz: »Gruppe« oder »Bande«, in: Heringer 1982.

6 Offensichtlich nicht nur in der christlichen Religion. In der Verfilmung der Tagebücher des jüdischen Romanistik-Professors Viktor Klemperer sagt ein Gestapo-Mann zu diesem: »Hat Euer Gott Euch nicht den Stolz verboten?«

7 Wir wollen an dieser Stelle nicht völlig aus den Augen verlieren, dass verschiedene Freundlichkeiten wirklich das Etikett »Schmeichelei« verdienen. Wer Sie jedoch *abwerten will*, für den sind alle Freundlichkeiten von dritter Seite Schmeicheleien (von der billigen Sorte natürlich), und das ginge an den Lebensrealitäten denn doch ziemlich weit vorbei.

8 Die gängigen Abwertungen bei etwas anspruchsvolleren geistigen Produkten sind etwa: »alles alte Hüte; woanders abgeschrieben« etc.

9 Den Hinweis auf das »Beifahrersyndrom« verdanke ich Werner Kuhlmann (Hamburg). In diesem Zusammenhang möchte ich auch auf eine sehr treffende Feststellung von Wolfgang Schmidbauer verweisen: »Wer einen durchnässten Bettler mit trockener Kleidung versorgt, sollte sich nie wundern, wenn dieser mäkelt, dass ihm die Farbe nicht steht.« (Einsame Freiheit, S. 143)

10 »… wenn wir uns wegen bestimmter Schwächen beschämt, schuldig oder verlegen fühlen, geraten wir leicht in Versuchung, unser Selbstbild auf Kosten des Partners aufzupolieren.« (Barbach/ Geisinger, Zusammenbleiben wäre eine gute Alternative, S. 99)

11 Eine, wie ich finde, sehr griffige Definition dessen, was das Vertrauen ausmacht, findet sich bei Barbach/Geisinger: »Vertrauen ist das Ergebnis von Verlässlichkeit, Zuverlässigkeit, einem gewissen Maß an Berechenbarkeit und der Übereinstimmung von Worten und Taten. Diese Eigenschaften befreien uns von dem kräftezehrenden Zustand vorsichtiger Wachsamkeit, der sich einstellt, wenn wir uns ständig fragen, ob man uns die volle Wahrheit sagt …« (S. 70)

12 Diesen Gedanken habe ich etwas ausführlicher an anderer Stelle behandelt (Um keine Antwort verlegen, S. 85–90).

13 Weshalb die Wörter *immer, alles, nie* und *nichts* so beliebt sind, darauf gehe ich etwas ausführlicher ein in »Schlaue Antworten auf fiese Fragen«, S. 85–86.

14 Der Kollege hieß natürlich nicht Müller, aber das versteht sich wohl von selbst. Diese Situation liegt mehr als 25 Jahre zurück.

15 »Denn es ärgert einen bekanntlich und bereitet auch im Verhältnis zu Dritten Verdruss, wenn man nicht genannt wird, wie man zu heißen beansprucht.« (Hermann Lübbe, in: Heringer 1982, S. 67)

16 Den Hinweis auf die Leerstelle bei Witzen verdanke ich Frau Dr. Annette Skierka/Hamburg. Damit aber dieser Zusammenhang nicht ganz ohne Illustration bleibt, in aller Kürze Folgendes, es stammt aus einem Cartoon: Ein kleiner Junge schaut innerhalb der elterlichen Wohnung durch ein Schlüsselloch und sagt zu seinem noch jüngeren Bruder: »Ich weiß nicht genau, was die beiden da gerade machen, aber nach Trennung sieht das nicht aus.« Ein weiteres Beispiel, es stammt von Catherine Deneuve: »Italiener denken immer nur an zwei Dinge. Das andere sind Spaghetti.« Der Witz (oder Kalauer) wäre beim Teufel, wollte man das Erstere beim Namen nennen, woran die Italiener angeblich immer denken.

17 Ich habe diesen Zusammenhang, allerdings aus anderer Perspektive und mit anderer Zielrichtung behandelt in: »Schlaue Antworten auf fiese Fragen«, S. 121–122.

18 M. R. Kopmeyer: Persönlichkeitsbildung. Knaur Taschenbuch, München o.J., S. 127.

19 Ich habe an anderer Stelle den auch recht populären Spruch »Glauben Sie alles, was in der Zeitung steht?« behandelt (Um keine Antwort verlegen, S. 79–82).

20 Ich hoffe, Sie denken jetzt nicht, ich wolle hier fremdkulturelle Vorurteile propagieren. Es ist aber eine ziemlich unbestrittene Tatsache, dass Menschen unterschiedlicher Kulturen ihre jeweils eigenen Verhaltensstandards haben.

21 Zu dieser Sorte Menschen gehöre ich – ich hoffe, es entsetzt Sie nicht – gelegentlich auch, und zwar dann, wenn ziemlich arge Verballhornungen eines Namens oder einer Sache bei mir Zweifel aufkommen lassen, ob etwa der Koch sein Handwerk versteht, der aus einer »sauce armoricaine« eine »sauce américaine« macht (Armorica ist ein Teil der Bretagne).

22 Ich weiß auch, dass die Komparativform *outer* eigentlich unkorrekt ist, aber die gesprochene Sprache nimmt sich Freiheiten heraus, die ein Schreiber sich allenfalls beim Chatten im Internet gestattet. Im Übrigen gestatte ich mir aus linguistischer Perspektive die Anmerkung, dass die Entwicklung einer Sprache nicht zum wenigsten auch dadurch angetrieben wird, dass Formen, die zunächst unkorrekt sind, flächendeckend akzeptiert werden und dann zum Standard gehören. Etwas salopper ausgedrückt: Die Schlamperei wird allmählich zur Konvention.

23 Einiges zu diesem Thema habe ich auch in »Um keine Antwort verlegen« behandelt (S. 74 f.).

Literatur

Barbach, Lonnie und David L. Geisinger: Zusammenbleiben wäre eine gute Alternative. E. Kabel Verlag, Hamburg 1993, 320 S.

Behrens, Manfred, Walter Dieckmann, Erich Kehl: Politik als Sprachkampf. In: Heringer 1982, S. 217–268.

Berger, Peter L./ Thomas Luckmann: Die gesellschaftliche Konstruktion der Wirklichkeit. Fischer Taschenbuch, Frankfurt/M. 1980.

Berne, Eric: Spiele der Erwachsenen. Rowohlt, Reinbek bei Hamburg 1967.

Betz, Werner: »Gruppe« oder »Bande«. Politik und Semantik in der deutschen Gegenwartssprache. In: Heringer 1982, S. 198–202.

Fiehler, Reinhard (Hrsg.): Verständigungsprobleme und gestörte Kommunikation. Westdeutscher Verlag, Opladen 1998.

Goffman, Erving: Interaktionsrituale. Suhrkamp Verlag, Frankfurt/M. 1971.

Goffman, Erving: Das Individuum im öffentlichen Austausch. Suhrkamp Verlag, Frankfurt/M. 1974.

Hacke, Axel. Das Beste aus meinem Leben. Süddeutsche Zeitung Magazin vom 17.05.2002.

Henne, Helmut und Helmut Rehbock: Einführung in die Gesprächsanalyse. 2. verbesserte u. erweiterte Auflage, de Gruyter, Berlin/New York 1982.

Heringer, Hans Jürgen (Hrsg.): Holzfeuer im hölzernen Ofen. Aufsätze zur politischen Sprachkritik. Verlag Gunter Narr, Tübingen 1982, viii + 332 S.

Hohensee, Thomas: Das Erfolgsbuch für Faule. Kösel Verlag, München 2002.

Kallmeyer, Werner (Hrsg.): Gesprächsrhetorik. Rhetorische Verfahren im Gesprächsprozess. Verlag Gunter Narr, Tübingen 1996.

Kienpointner, Manfred: Alltagslogik. Struktur und Funktion von Argumentationsmustern. Stuttgart/Bad Cannstatt 1992.

Klein, Stefan: Die Glücksformel oder Wie die guten Gefühle entstehen. Rowohlt, Reinbek bei Hamburg 2002, 320 S.

Kühn, Peter: Mehrfachadressierung. Untersuchungen zur adressatenspezifischen Polyvalenz sprachlichen Handelns. Verlag M. Niemeyer, Tübingen 1995, 273 S.

Latour, Bernd: Um keine Antwort verlegen. Wie man Wortgefechte gewinnt. Kreuz Verlag, Stuttgart 2000, 142 S.

Latour, Bernd: Schlaue Antworten auf fiese Fragen. Kreuz Verlag, Stuttgart 2002, 138 S.

Lay, Rupert: Führen durch das Wort. Ullstein, Frankfurt/M., Berlin 1990.

Lay, Rupert: Dialektik für Manager. Methoden des erfolgreichen Angriffs und der Abwehr. Ullstein, Frankfurt/M., Berlin 1991.

Lerner, Harriet G.: Was Frauen verschweigen. Warum wir täuschen, heucheln, lügen müssen. Fischer Taschenbuch, Frankfurt/M. 1996, 254 S.

Lübbe, Herrmann: Der Streit um Worte. Sprache und Politik. In: Heringer 1982, S. 48–69.

Mead, George Herbert: Philosophie der Sozialität. Suhrkamp Verlag, Frankfurt/M. 1969, 328 S.

Ottmers, Clemens: Rhetorik. J. B. Metzler, Stuttgart/Weimar 1996.

Paulus, Jochen: Schatz, es liegt am System. Für bessere Beziehungen: Maureen K. Lassen fordert Arbeit am eigenen Verhalten. Psychologie heute 04/2002, S. 72–73.

Pines, Ayala M.: Überlebens-Strategien der Liebe. W. Heyne Verlag, München 1991, 351 S.

Rahn-Huber, Ulla: Der Vampir neben dir. Wie Frauen Energieabsaugern den Garaus machen können. Kreuz Verlag, Stuttgart 2002.

Schmidbauer, Wolfgang: Einsame Freiheit. Therapiegespräche mit Frauen. Rowohlt, Reinbek bei Hamburg 1993.

Spiegel, Carmen: Streit. Eine linguistische Untersuchung verbaler Interaktionen in alltäglichen Zusammenhängen. Verlag Gunter Narr, Tübingen 1995 (Forschungsberichte des Instituts für Deutsche Sprache), 358 S.

Tannen, Deborah: Du kannst mich einfach nicht verstehen. Warum Männer und Frauen aneinander vorbeireden. Goldmann Taschenbuch, München 1993.

Tannen, Deborah: Das hab' ich nicht gesagt! Kommunikationsprobleme im Alltag. Goldmann Taschenbuch, München 1994.

Tannen, Deborah: Lass uns richtig streiten. Vom Wortgefecht zum Dialog. Goldmann Verlag, München 1999, 447 S.

Bibliografische Information Der Deutschen Bibliothek
Die Deutsche Bibliothek verzeichnet diese Publikation in der Deutschen Nationalbibliografie; detaillierte bibliografische Daten sind im Internet über http://dnb.ddb.de abrufbar

1 2 3 4 5 07 06 05 04 03

Ein Unternehmen der Verlagsgruppe Dornier
Postfach 80 06 69, 70506 Stuttgart, Tel: 0711/788030
Sie erreichen uns rund um die Uhr unter www.kreuzverlag.de
Umschlaggestaltung: Eberle und Kaiser Werbeagentur GmbH, Freiburg
Satz: de·te·pe, Aalen
Druck und Bindung: Clausen & Bosse, Leck

ISBN 3 7831 2313 5